유가사상과
현대사회

내일을여는지식 철학 6

유가사상과 현대사회

우/리/시/대/의/유/가/사/상/읽/기

문승용 지음

KSI 한국학술정보㈜

목 차

우리 시대의 유가사상 읽기

  중국의 역사에서 예나 지금이나 공자(孔子)만큼 두루 자주 불리는 이가 있을까 싶다. 2,500여 년 전에 태어나서 70여 세를 살다 간 자취가 그만큼 크고 진하다는 의미일 것이다. 그것은 공자 자신이 특별해서이기도 하며, 더 큰 이유는 공자가 살았던 춘추(春秋)라는 시대의 삶의 현장이 공자를 그렇게 되도록 만들었던 것이기도 하다. 이 시대는 철기문화가 본격적으로 시작되면서 당시 사람들의 삶에 여러 모로 영향을 끼치던 때였다. 온갖 철기무기가 고안되어 전쟁의 양상이 극렬해져서 사회가 요동쳤고, 한편 철기 농기구가 발명되어 이전보다는 훨씬 많은 농산물을 수확하면서 인간들 가운데에는 더 이상 먹는 문제에 얽매여 있을 필요가 없는 부류의 사람들도 등장하기 시작하였다. 서양에서는 소크라테스와 같은 철학자가 나와서 '너 자신을 알라'고 외치며, 인간의 참모습이 무엇인지를 깨달으라고 했고, 인도의 석가모니, 중국의 노자(老子) 그리고 공자 같은 이들은 사람이 어떻게 살아야 사람다운 것이며, 진정 행복해질 수 있는가에 대하여 이리저리 궁리하였다. 이른바 이전까지 이 지구상에 수천만 종의 생명체 가운데 인간이 만물의 영장이라고 자처하면서 문화 또는 문명이라는 미명 아래 세상의 생태계를 인간 편의를 위해서 마구 헤집어 파괴하는 시대에 접어들었던 것이다.

공자는 바로 인류가 인간 문화의 시대에 접어들던 때 중국에서 인문(人文)시대의 서막을 열었던 이라고 할 수 있다. 그리고 이 시기가 오늘의 우리들에게는 고전(古典)의 시대로서 2,500여 년이 지난 오늘날까지도 그들의 말씀은 여전히 우리들의 생각과 행동에 여러 모로 작용하고 있다고 할 수 있다.

우리는 고전(古典)이라고 하면, '옛것[古]'으로서 단순히 오래된 것, 고리타분한 것, 그렇기 때문에 마땅히 개혁해야 할 것이라고 여기는 경향이 있다. 다른 한편, 그나마 고전에 대하여 긍정적인 입장이라면, 고전이 학문이나 예술 방면에 있어서 예부터 내려오는 널리 모범이 될 만한 훌륭한 작품이라는 뜻에서 오랫동안 많은 사람들의 입을 통해서 일컬어진 것으로 이미 그 나름의 생명력이 인정되어 지금까지도 여전히 존재해 온 만큼 믿고 따라야 할 가치가 있다는 뜻이 된다.

우선 옛것을 잘 되새겨 새로이 올 것을 안다는 의미의 온고지신(溫故知新)이라는 말에서도 알 수 있듯이, 고전을 되새긴다는 뜻의 온고(溫故)는 이미 지난 것을 단순한 호기심이나 흥밋거리의 대상으로 알고 싶어서가 아니라 새로운 것을 미리 예측하고 앞날을 새로이 열기 위한 바탕으로 삼아야 한다는 것이다. 흔히 중국 고전의 시대라고 부르는 이 시기는 제자백가(諸子百家)의 여러 사상들이 나타난 춘추(春秋)와 전국(戰國)시대로서 대략 서기전 770년 전부터 진시황(秦始皇)이 중국을 통일한 서기전 221년대까지 지어진 것들인 만큼 매우 오랫동안 여러 지역에서 많은 사상가와 학자들에 의해서 여러 학술 사상이 다양하게 나타나 발전해 왔다.

그렇다면 21세기를 사는 우리가 중국고전의 시작을 연 공자(孔子), 노자(老子), 장자(莊子), 맹자(孟子), 순자(荀子), 한비자(韓非子)에 이르기까지 2,500여 년 전에 살았던 그들의 말을 오늘날 되새겨 봐야 하는 이유는 과연 무엇일까? 그들의 사상은 각기 오늘날에까지도 우리들의 삶에 보탬이 되는 무엇인가를 일깨워주고 있기 때문이다.

공자와 맹자를 대표로 하는 유가사상은 예부터 중국은 물론 우리나라나 일본에까지도 큰 영향을 끼쳐, 특히 동아시아에서 뿌리깊게 자리 잡은 사상이다. 그런데 일본이 근대화에 성공적으로 진입한 반면 우리나라나 중국은 그렇지 못하고 여러 모로 시행착오를 거듭하다가 근자에 이르러서야 비로소 안정을 찾아 가는 단계라고 할 수 있다. 오늘날 우리가 사는 사회 속에서 유가 사상의 흔적을 찾기란 어려운 일이 아니다. 하지만 공자와 맹자 유가사상의 영향이 어떠한지, 또는 근본적인 유가사상의 정신이 어떠한지에 대해 구체적인 내용을 잘 모르는 경우가 많다. 게다가 근래 서구화와 산업화의 과정 속에서 유가사상에 대하여 여러 모로 잘못 이해하고 있는 측면이 많기도 하다.

이 세상에 새로운 것은 없다는 말을 하듯이, 당시 사람들이 살던 사회나 지금의 우리들이 공통적으로 고민하는 문제가 있다면, 그것은 바로 인간이 어떻게 하면 바르고도 행복하게 살아갈 수 있는가에 대한 고민을 해결할 방법을 찾는 것이다. 물론 이천 수백 년의 시대적인 차이에서 오는 역사적이며 문화적인 배경은 다를지라도 역시 사람들이 살아가는 바탕의 문제는 여전히 같은 것이기 때문에 그 해결책들이 지금까지도 빛을 바래지 않은 채로 엄연히 쓸모가 있는 것이다.

그런데 우리에게는 이제껏 공자와 맹자의 유가사상이 관념적 성향으로 치달은 송대(宋代) 성리학(性理學)의 매우 이상적인 관념론을 추구하는 경향이 없지 않았다. 그리고 오늘날 물질 만능을 추구하는 자본주의시대를 사는 우리들에게 특히 공자나 맹자가 제시한 인(仁)과 의(義)와 같은 관념적인 사유방식이 부적절한 측면이 있는데도 아직까지 많은 현대인들이 공자와 맹자의 이상적인 도덕률에 얽매여 있는 경향이 있기도 하다.

중국의 고전은 공자나 맹자의 유가사상을 시작으로 많은 학술사상이 나타나서 당시 살았던 사람들의 삶과 관련한 여러 고민거리를 다루었는데, 이것들은 오늘날의 우리들에게도 과거를 되돌아보고 앞으로 나아가게끔 할 만한 시사점을 던져주는 학술이나 사상으로 발전해 갔다. 이렇듯 공자의 유가사상은 오늘날 우리들에게 보다 절실하고도 실질적인 도움이 될 수 있는 또 다른 고전들에 대한 가설이나 기대까지 일깨우는 역할을 하였다고 할 수 있다.

공자는 이미 2,500년 전에 죽었는데, 근래에는 『공자가 죽어야 나라가 산다』라는 책이 베스트셀러가 되었던 적이 있다. 한편으로 보자면 매우 도발적인 제목이면서 한편으로는 공자에 대한 매우 절박하며 안타까운 심정을 토로한 책이라고 할 수 있다. 책의 내용은 대체로 현재 우리 사회가 갖고 있는 여러 가지 문제점들 가운데 여러 요소들이 공자의 유가사상에서 비롯된 것이며, 오늘의 우리들은 그러한 공자의 사상에서 벗어나야만 한다는 취지의 글이다.

그렇지만, 시대와 역사가 이만큼 달라진 오늘날의 우리들은 좀 더 다양한 방면에서 오늘의 우리들 실정에 맞게 고전들을 탐색해야 할 필요성이 있을 것이다. 그러므로 본문을 통해서 고전 가운데 공자 유가사상의 생성과 발전의 과정을 살살 더듬는 작업을 시도하고자 한다. 나 자신의 지식이 매우 협소하고, 한 권에서 다룰 수 있는 내용이 매우 제한되어 있기는 하지만 이 글을 통해 쏜살같이 내닫는 현대를 살아가는 우리들이 고전 읽기를 통하여 잠깐이나마 자신을 되돌아보는 계기가 되었으면 하는 바람이다.

2009년 5월 1일
문승용

인간으로 태어나 성인(聖人)이 된 공자

1. 인간 공자

공자(孔子: BC 551~BC 479)는 유가(儒家)를 연 선생님으로서 그의 사상은 중국에서뿐만 아니라 우리나라의 역사와 문화전통에도 깊고 널리 영향을 끼쳤다. 공자에서 '자(子)'의 뜻은 일가(一家)의 학설을 세운 사람의 성(姓) 뒤에 붙여서 높이는 뜻을 나타내는 접미사이다. 그러므로 공자는 공(孔)씨 성을 가진 선생님이라는 뜻이다. 오늘날 우리들이 공자와 그의 사상을 존중하는 의미에서 '공자님'이라고 부르기도 하는데, 이것은 높임의 표현으로 자(子)와 님이 이중으로 붙여진 것이니, 군더더기 표현이라고 할 수 있다. '공 선생님'이라고 부르든지, 그냥 '공자'라고 하면 될 것이다.

중국 역사의 아버지라고 불리는 한대(漢代) 사마천(司馬遷: BC

145경~BC 85경)의 『사기(史記)·공자세가(孔子世家)』에 의하면, 공자는 노(魯)나라 창평향(昌平鄉) 추읍(鄒邑: 지금의 山東省 曲阜)에서 출생하였다. 공자는 상(商) 왕조를 이은 송(宋)나라의 후예로서 고조할아버지는 방숙(防叔), 할아버지는 백하(伯夏), 아버지는 숙량흘(叔梁紇)이며, 어머니는 안징재(顏徵在)이다. 니구산(尼丘山)에서 기도를 올려 태어났는데, 이마 안쪽이 패이고 주변이 튀어나온 것이 언덕처럼 생겼다고 해서 이름을 언덕이라는 뜻의 '구(丘)'라고 했다고 한다.

그런데 공자의 출생에 있어서 이후 시대까지 내내 이야기거리가 되는 것이 있다. "아비인 흘은 안씨 집안 딸과 비정상적으로 결합하여 공자를 낳았다.(紇與顏氏女野合而生孔子.)"라고 하였으니, 공자를 다름 아닌 '비정상적으로 결합하여 낳았다(野合而生)'라고 한 것이다. 오늘날 '야합(野合)'이라는 말은 글자 그대로 보자면, '들에서 합한다'는 뜻으로, 흔히 정치적으로 좋지 못한 목적으로 서로 어울리는 것을 의미한다. 공자의 출생과 관련하여서는 부부가 아닌 남자와 여자가 서로 정을 통하였다는 뜻이다. 그러므로 공자의 부모가 정상적인 부부가 아니었다는 것을 말하는 것이다.

노(魯)나라는 원래 주(周)의 건국공신으로서 공자가 가장 흠모하였던 주공(周公) 단(旦)의 아들이 개국한 유서 깊은 지방이기 때문에 주대 문화의 전통 의례와 음악의 보존지로 유명한 곳이었다. 공자의 아버지는 당시 60대 후반의 나이에 딸 아홉과 아들이 하나 있었는데, 아들이 장애를 가지고 있었기 때문에 아들 하나 더 얻기를 갈망했다고 한다. 이에 안(顏)씨 집안 셋째 딸을 맞아서 겨우 얻은 이가 공자이다. 안징재(顏徵在)가 공자를 낳은 때가 17세였다. 그러므로 공자 부모의 관계가 비정상적이라서 '야합하여 낳았다(野合而生)'라고 한 것이다.

이 때문에 공자의 출생에 관하여 여러 설이 있는데, 하나는 어머니 성인 안(顔)씨가 의미하는 것은 '화장을 진하게 한 얼굴'의 뜻이라고 한다. 아마도 대개 이렇듯 화장을 하였다는 뜻은 당시 무속인(巫俗人)이나 혹 아니면 유흥업(遊興業)에 종사하는 직종이었을 것이라고 보는 이도 있다. '야합(野合)'의 본뜻 역시 당시 '묻지마 식'으로 어울려 노는 민속행사 때 아무렇게나 혼인 관계를 맺어서 낳은 것이라는 설 등도 있다. 왜냐하면 공자의 아버지가 60세가 넘은 고령인 데다가 집안은 쇠락한 상태였으니, 어느 모로 보나 정상적인 혼인은 어려웠을 것이기 때문이다. 어찌 되었건 분명한 것은 공자의 집안이 이미 몰락한 귀족 집안이었다는 것과 공자의 출생이 정상적이지 못했다는 것뿐만 아니라 오늘날 관점에서 보더라도 어디 하나 내세울 것 없는 출생이라고 해도 크게 틀리지 않을 것이다. 그렇다고 해서 이 자리에서 공자를 깎아내리고자 하는 것은 아니다. 공자의 위대함은 예수가 말구유에서 태어나 인류에게 구원의 길을 나섰던 것과 마찬가지 아닌가 한다. 우리가 아류(亞流)라는 말에서처럼 공자에 버금간다는 뜻으로 아성(亞聖)이라 불리는 맹자의 출생 역시 비슷하다.

2. 두 번째 성인(聖人) 맹자

맹자는 전국시대 제자백가(諸子百家)의 한 사람으로서 공자가 그랬던 것처럼 BC 320년경부터 약 15년 동안 각 나라를 유세하고 돌아다니며, 당시 왕들에게 도덕정치(道德政治)를 펼 것을 주장하였으나, 끝내는 아무도 채택하여 주지 않자 고향에 돌아와 저술과 교육에 힘썼다. 당시 전국시대 제후들이 원하는 것은 부국강병(富國強兵)과 외교적인 책략을 통해서 생존경쟁의 틈바구니에서 살아남는 것이었는데, 맹자가 주장한 도덕 중심의 왕도(王道)정치는 당시 제후들이 채택하여 정치 현실에서 쓰기에는 너무 이상적이라고 여겨졌기 때문이었다.

그런데 공자도 마찬가지 경우였지만, 공자나 맹자의 이상정치가 당시 어느 제후에겐가 마음에 들어서 한 나라에 눌러앉아 높은 벼슬아치가 되었다면, 이처럼 유가가 오늘날 널리 세상에 퍼질 기회는 얻지 못했을 것이다. 그들이 고향에 돌아와 학당을 열고 전국의 학생들에게 자신들의 학문과 사상을 전했고, 후에 그들이 고향에 돌아가 역시 배운 대로 학당을 열어 유가 사상을 전했기 때문에 가능했던 것이니 말이다. 참으로 역사는 아이러니 하지 않을 수 없나 보다. 공교롭게도 공자와 맹자의 불우한 처지가 오히려 오늘날까지도 그의 사상이 알려지게 되는 계기가 되었다니 말이다. 예술은 길고 인생은 짧다고나 할까, 춘추전국시대 당시 자신의 학문과 사상을 가지고 부귀와 명예를 누리던 이가 얼마나 많았던가.

맹자는 우리에게서 자신뿐만 아니라 그의 어머니와 관련한 '맹모삼천지교(孟母三遷之教)’, ‘단기지교(斷機之教)’와 같은 재미있고 교훈적인 이야기들로 세상에 더 잘 알려진 듯하다. 그렇지만 그 이야기는 당시 시대적인 필요에 의해서 왜곡되고 잘못 이해되어지곤 한다.

『사기 · 맹자열전』에 “맹가는 추(鄒)지방 사람이다. 자사(子思)의 제자에게서 배웠다.(孟軻, 鄒人也. 受業子思之門人.)”라고 하였는데, 이것이 사마천(司馬遷)의 『사기(史記)』에 나오는 맹자의 출생에 관한 내용의 전부이다. 여기 나오는 자사(子思)는 공자의 손자로서 이름은 급(伋)인데, 자사(子思)는 그의 자(字)이다. 공자의 제자인 증삼(曾參)에게서 배웠다고 한다. 이처럼 공자의 손자가 공자의 제자인 증삼에게서 배웠고 그가 맹자를 가르쳤다고 한 것은 맹자의 정통성을 담보해 주기 위해서 그렇게 썼을 가능성이 있다. 따라서 맹자가 언제 태어났는지 그의 가족이 어떤 상황이었는지 정확한 사정은 알 수 없다. 다만 맹자가 「진심하(盡心下)」편에서 “공자 이래로 백여 년이 흘렀다.(由孔子而來, 百有餘歲.)”라고 말한 대목을 가지고 추정하자면, 공자가 죽은 경왕(敬王) 41년으로부터 백 년쯤이라 가정하여 맹자가 기원전 4세기쯤에 살았다고 여겨진다. 물론 이것 역시 맹자가 언제 말했던 것인가는 밝히고 있지 않으니 단지 추정일 따름이다.

이렇듯 맹자가 공자보다도 약 100여 년 뒤에 살았다는 것만은 분명한데도, 오히려 맹자의 출생과 관련한 기록은 더 부족하다. 공자의 경우에는 『사기(史記)』에서 공자가 상(商) 왕조를 계승한 송(宋)나라 사람의 후예로서 고조할아버지, 할아버지, 아버지의 이름을 모두 밝히고 있는 것에 비해서 맹자는 일찍이 아버지를 여의고 어머니 밑에서 어렵게 자랐던 만큼 관련 자료가 상대적으로 더 적었던 것이 아닌가 싶다.

맹자의 자(字)에 대해서도 그의 자가 자여(子輿), 자거(子車) 또는 자거(子居)라고 알려져 있지만, 이것 역시 위진(魏晉)대 이후의 책에나 보이는 것으로 확실하지 않다. 또 맹자의 출생지 역시 추(鄒)지방은 노(魯)나라의 추읍(鄒邑)을 말한다. 맹자도 「진심상(盡心上)」에서 "성인이 사시던 곳에서 이처럼 매우 가깝다.(近聖人之居若此其甚也)"라고 했는데, 여기에서 성인은 곧 공자를 말하니, 노(魯)나라에서 발흥했던 공자의 유가사상에 맹자는 어려서부터 깊은 영향을 받으면서 자랐다는 것을 알 수 있다.

그렇다면 태어나고 자란 이곳에서 공자나 맹자와 같은 성인이 연이어 출현하게 된 이유는 무엇일까? 그것은 이곳이 그 옛날 주공(周公) 단(旦)이 분봉을 받았던 곳인 만큼 예부터 주(周)대 문화의 정통이 이어지던 곳이었기 때문에 가능했던 것이다. 게다가 부근의 제(齊)나라 수도였던 임치(臨淄)의 서문(西門) 쪽 직하(稷下)에는 제환공(齊桓公) 시절 각지에 있는 학자들을 초빙하여 자유로이 토론하며 강의할 수 있었던 학궁(學宮)이 있었는데, 맹자 역시 이곳에서 당대의 여러 학자들과 함께 교류하면서 자신의 학설을 정립하는 것이 가능했다고 할 수 있다.

이렇듯 맹자는 어려서부터 주대의 전통문화와 공자의 사상적 토양에서 태어나 살아왔던 것이 그가 유가의 정통을 계승하는 주요한 계기가 되었을 것이다. 그런데 이것보다 후대 사람들은 맹자가 학문적으로 성공할 수 있었던 이유를 그의 어머니에게 공을 돌리곤 한다. 그래서 맹자의 어머니를 자식 교육의 모범으로 추대하는 데에 주저하는 이는 아마도 없을 것이다. 맹모삼천(孟母三遷)과 단기지교 (斷機之敎)라는 고사에서도 알 수 있듯이 말이다. 이 이야기는 한 (漢)나라 때 유향(劉向)이 편찬한 여러 훌륭한 여인네들의 전기를 모은 책인 列女傳(열녀전)에 맹자의 어머니와 관련하여 나오는 것이 다. 그렇지만 맹자의 어머니를 정말 현모양처라고 부를 수 있을까?

3. 맹자의 어머니는 현모양처(賢母良妻)인가

맹자를 논할 때면, 맹모삼천지교(孟母三遷之敎)라고 일컬으며, 맹 자의 어머니가 맹자에게 좋은 교육환경을 마련해 주기 위해서 이 리저리 이사 다니는 것을 마다하지 않고 자식을 훌륭하게 키워냈 다고 하여 '맹모삼천(孟母三遷)'이라고 줄여서 말하기도 한다. 오 늘날 우리들의 사회생활에서 치러야 할 일 가운데 번거롭고 귀찮 은 일 가운데 이사도 당당히 꼽힐 것이다. 물론 큰돈을 벌어서 좀 더 좋은 환경에 넓고 아늑한 곳으로 이사를 갔는데, 얼마 지나지 않아 집값이 살살이라도 올라주기만 한다면 이보다 더한 행복도 없지 않겠지만, 대개는 그렇지 못할 것이다. 오른 전세 값에 맞추 지 못해서, 은행에 담보로 빚을 내었다가 일이 잘 안되어서, 아니 면 이른바 좋은 학군을 따라 있는 돈 없는 돈을 모두 쓸어다가 무 리하여 이사 가는 일이 태반이다. 형편이 이러하다면 인생에서 이 사는 정말 기억하고 싶지 않은 행사임에 틀림없을 것이다. 그렇다 면 맹자가 살았던 이 시절에도 이사가 이토록 고통스러운 일이었을까? 아닐 것이다. 지금과 같은 호적제도도 학군도 없었다. 다만 지금 사는 곳이 마음에 들지 않아서 아니면 이사해야만 하는 피치 못할 사정이야 있었을 것이지만, 지금의 우리만큼 번거롭지도 고통스럽지도 않았을 것이다.

오늘날 좋은 학군을 따라서 때로는 이국 멀리 나라를 등지면서까지 죄다 한마디씩 하기를 자식 교육 때문이라고들 한다. 이만큼 우리 사회에서 교육에 관한 열풍은 가히 식을 줄 모른다. 이것은 다 공자의 유가에서 공부할 것을 중시했던 말씀과 무관하지 않다. 공부가 곧 인생을 바꾸는 중요한 역할을 한다고 하는 것은 예나 지금이나 별로 달라지지 않은 것 같다. 다만 좋은 조건의 집안 자식이 공부하는 데에 좀 더 유리하였던 것까지도 말이다.

맹모삼천의 이야기 가운데에서 맹자네는 두 번밖에 이사하지 않는다. 장례터에서 시장으로 그리고 서당으로, 물론 세 번이든 두 번이든 맹자의 어머니가 자식의 교육환경을 위해 애썼다는 자체가 중요한 것이니, 그 횟수야 뭐 그리 중요할 것은 없겠다.

게다가 맹자가 살았던 서기전 300년대의 중국에서는 오늘날 우리들만큼 이사 다니는 것이 고통스럽다거나 짜증나는 일이 아니었을 것이다. 하물며 대단한 재산을 소유한 것이 아니었다면 더더욱 간단한 일이 바로 이사였을 것이다. 지금 사는 동네가 마음에 들지 않는다거나 무슨 이유에서든지 떠나야 한다면, 쓰던 것을 싸가지고 다니다가 마음에 드는 곳이다 싶으면 주저앉아 살면 되는 것이 아니었겠나 싶다. 빈집이나 움막 같은 것이라도 있으면 다행이고, 없으면 공자가 동굴에서 태어났듯이 작은 토굴이라도 파서 살면 그만인 시대였다.

정작 문제가 되는 것은 맹자의 어머니가 자식의 교육환경을 고려해서 이사할 생각이었다면 어째서 처음부터 서당 근처로 이사해서 진작 맹자에게 열심히 공부할 수 있는 환경을 마련해주지 않았느냐 하는 것이다. 아마도 추측하건대 맹자와 관련한 이야기에서 아버지에 대한 내용이 없는 것으로 보아 맹자네는 홀어머니가 집안 생계를 책임졌던 것 같다. 그러니 맹자네가 시장 근처로 이사한 이유는 당연히 집안의 생계 때문에 장사를 하기 위해서가 아니었나 싶다. 사는 데에 먹는 문제만큼 중대한 일은 없으니까 말이다.

맹자의 출생과 어린 시절에 관하여 전해오는 이야기에서 공자와 다른 것이 있다면, 그나마 아버지에 대한 이야기가 나오지 않는다는 점이다. 어째서일까? 아마도 맹자는 평민의 신분이었을 가능성이 높다. 맹자네 집안 신분이 높다거나 아버지가 벼슬을 하였거나 해서 혹은 그런 집안 사정이었다면 당연히 땅과 재산을 소유하고 있었을 터이니, 당연히 그리도 자주 이사를 다닐 필요도 없었을 것이다.

이도저도 아니라고 한다면, 맹자네 역시 최소한 몰락한 집안이었다는 것만은 분명하다. 그럼에도 불구하고 자식의 좋은 교육 환경을 마련해 주고자 했던 맹자의 어미는 역시 결단성이 있었다고 봐야 한다.

맹자의 어머니가 처음부터 서당 근처로 가야 맹자가 공부를 잘할 수 있을 것이라는 사실을 몰랐다면 참으로 어리석은 어머니라고 할 수 있으며, 그나마 이를 깨닫고 서당 근처로 이사했다는 것은 자신의 허물을 바로 반성하여 고칠 줄 알았던 매우 과단성 있는 어머니라고 봐야 할 것이다.

또 맹자의 어머니와 관련된 고사성어 가운데 '단기지교(斷機之教)'라는 것이 있다. 맹자가 외지로 유학을 갔다가 공부를 마치지 않고 돌아온 것을 맹자의 어머니는 보자마자 짜고 있던 베를 단칼에 베어 버렸고, 이것을 본 맹자가 이후로는 더욱 학문에 정진할 수 있었다는 내용이다.

위의 이야기는 모두 유향(劉向)이 편찬한 『열녀전·추맹가모(列女傳·鄒孟軻母)』편에 나오는 것으로 맹자의 어머니가 자식의 공부를 위해서 얼마나 애썼는가를 보여주는 것이다. 물론 이 이야기가 사실인지는 분명하지 않다. 왜냐하면 유향의 이 책이 대개는 교육용으로 지어진 것이기 때문에 사실인지는 확증할 수 없다. 게다가 단기지교는 우리나라 한석봉의 이야기와도 매우 닮은 것으로 보아 한석봉의 이야기 역시 맹모의 고사를 따온 것이 아닌가 의심스럽기도 한다.

그렇다면 맹자의 어머니는 현모양처라기보다는 매우 과단성 있는 분이라고 봐야 할 것이다. 공자도 『논어·자한(子罕)』편에서 "잘못하면 고칠 것을 꺼려하지 마라.(過則勿憚改.)"라고 한 것처럼 누구든지 잘못은 할 수 있는 것이며, 그 잘못한 것에 대해서 거짓으로 덮거나 변명하려고 하지 말아야 한다는 생각을 가졌던 것이다. 맹자 어머니의 그런 과단성 있는 성격을 알 수 있는 고사가 하나 더 있다. 어느 날 이웃집에서 돼지를 잡는 것을 보고는 "네게 주려나 보다" 하고 농담을 했다가 결국 시장에서 가서 돼지를 사다가 먹였다는 고사도 함께 전한다.

이처럼 평범한 인간으로 태어난 공자와 맹자는 학문을 통해서 성인(聖人)의 반열에 올랐다고 할 수 있는데, 이번 장에서는 그들의 인간적인 면모를 되뇌는 계기가 되었으면 한다.

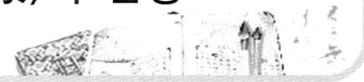

제2강

중국 유가(儒家)의 탄생

1. 유가, 유학 그리고 유교의 뜻

　　중국 춘추시대(春秋時代) 말기에 공자(孔子: BC 551경~479경)가 창시했다고 하는 '유가(儒家)'란 무엇인가라는 질문에 다음과 같이 대답하는 경우가 흔히 있다. 유(儒)자가 '사람 인(亻)'자와 '필요할 수(需)'자가 합하여 된 글자이므로 '사람에게 필요한 것'이라고 한다. 이 풀이는 매우 그럴듯하다. 왜냐하면 유가는 기독교(基督敎)와 달리 하늘에 계신 조물주보다는 주로 세상의 인간에 관련하여 논의를 하기 때문이다. 유가에서 주로 말하는 것이 삼강오륜(三綱五倫)인데, 여기에는 유교 도덕의 기본이 되는 3가지 강령과 사람이 행해야 할 5가지 실천덕목을 말한다. 삼강(三綱)은 군위신강(君爲臣綱)·부위자강(父爲子綱)·부위부강(夫爲婦綱)으로서　각

각 임금은 신하의 벼리가 되고, 어버이는 자식의 벼리가 되고, 남편은 아내의 벼리가 된다는 뜻으로 사회 성원이 각각 당연히 지켜야 할 도리를 말한다.

오륜(五倫)이란 5가지 기본적인 인간관계로 설정한 것으로서 『맹자(孟子)·등문공(滕文公)』 상편에 "사람에게는 도리가 있다. 배부르게 먹고, 따뜻하게 입고, 편안히 살면서 배움이 없으면 짐승과 별로 다르지 않다. 성인이 이를 걱정하여 설(契)을 사도(司徒)로 삼아 인륜을 가르쳤으니, 부모와 자식 사이에는 사랑이 있어야 하고(父子有親), 임금과 신하 사이에는 의리가 있어야 하고(君臣有義), 부부 사이에는 분별이 있어야 하고(夫婦有別), 어른과 아이 사이에는 순서가 있어야 하고(長幼有序), 친구 사이에는 신의가 있어야 한다(朋友有信)"라고 하여 오륜의 내용을 구체적으로 밝혀놓았다. 즉 부자(父子)·군신(君臣)·부부(夫婦)·장유(長幼)·붕우(朋友) 관계와, 그 관계에서 실천해야 할 친(親)·의(義)·별(別)·서(序)·신(信)의 도덕규범을 밝혔다. 즉 유가에서는 인간이 살아가면서 지켜야할 가장 기본적인 도덕관계를 밝힌 것이라고 할 수 있기 때문이다.

유가의 유(儒)자의 사전 뜻풀이를 보면 흔히 명사로는 '선비', 형용사로는 '부드럽다[柔]'는 뜻이다. 여기에서 선비란 학문을 임무로 여기는 자라는 뜻이며, '부드럽다'는 뜻은 삶에 있어서 유연(柔軟)한 태도를 가질 것을 말한 것이다. 삼강오륜의 풀이에서 알 수 있듯이, 사람과 사람 사이의 관계 속에서 있을 수 있는 도덕규범을 말한 것에서 내가 한 집안의 아버지이면서 남편이자 자식으로서 사회에 나아가서는 직장에서 누군가의 상사 혹은 부하가 되기도 하듯이, 내가 지켜야 할 삶의 태도가 유연하지 않으면 안 되기 때문이다. 가령 집안에서 아버지로서 내가 누리던 가장의 권위(?)가 밖에서는 통할 리가 없기 때문이다.

이것은 곧 유가의 주요 덕목 가운데 하나인 중용(中庸)의 뜻과도 통한다. 세상사에서 지나치거나 모자람이 없으며, 어느 쪽에도 치우치지 않음을 뜻하는 것이기 때문이다. 게다가 이러한 덕목은 배움을 통해야 습득할 수 있다고 여겼기 때문에 이를 실천할 수 있는 이를 선비 즉 군자라고 일컫는 것이다.

이를 간략히 정리하면, 유가란 이처럼 세상을 사는 인간에게 가장 필수적인 도덕규범을 말한 것으로서 유연한 삶의 태도를 강조한 것이라고 보면 크게 틀리지 않을 것이다. 이렇기 때문에 유가는 종교(宗敎)가 아니라고도 한다. 왜냐하면 종교란 신성하거나 거룩한 영적(靈的)인 존재인 신 혹은 조물주와 인간과의 관계를 설정한 것인데 비하여 유가에는 일반적으로 영적인 존재로서 조상 신(神) 이외에 조물주로서 절대 전지전능한 신에 대해서는 인정하지 않기 때문이다.

그러므로 유가와 유교의 뜻을 구분해서 이해할 필요가 있다. 유가(儒家)나 유학(儒學)을 사상(思想) 혹은 학문의 방면에서 말하는 것이라면 유교(儒敎)는 종교적인 측면에서 말하는 것이다. 마치 도가(道家)와 도교(道敎), 불가(佛家)와 불교(佛敎)가 그런 것처럼 말이다. 유가는 종교로서가 아니라 사상으로 발원하였기 때문이다. 사상(思想)이란 '무엇인가에 대하여 주의(主義) 혹은 주장으로 여기는 체계화된 생각'이라는 뜻이다. 즉 유가는 위에서 지적한 것처럼 삼강오륜 등 여러 가지 도덕규범을 사람이 살아가는 동안 삶 가운데에서 실천해야 한다는 것을 주장하는 윤리(倫理)사상이지 증명할 수 없는 죽은 이후의 세계 혹은 만물의 삶과 죽음을 주재하신다는 조물주에 대한 규범을 말하고 있지 않다. 대체로 한(漢)나라 동중서(董仲舒)가 무제(武帝)에게 유가를 국교(國敎) 채택할 것을 건의하고 받아들여지자, 유가가 종교화하고 공자를 성인(聖人)으로 섬기게 되면서 유가보다는 유교(儒敎)라는 인식이 앞서게 되었던 것이다.

그런 면에서 기독교에는 본디 '기독가'라는 말을 쓰지 않는 것에서도 종교적인 측면이 매우 강하다는 것을 알 수 있다. 기독(基督)은 Christ라는 말이 처음 중국에 들어왔을 때 중국어 발음으로 '찌두'라고 읽었기 때문에 종교로서 '기독교'라고 했던 것이다. 종교는 어째 되었던지 인간의 세상에서는 검증할 수 있는 것이 아니며, 믿음 즉 신앙(信仰)으로서 믿는 것이다. 그런데 근대 이후 자연과학이 발달하면서 사람들이 과학적으로 증명하는 것에 집착하다 보니 영적인 존재인 신까지도 증명해 보자는 의도에서 '신학(神學)'이 탄생했던 것이다. 이처럼 신학이 생긴 것은 나의 짧은 식견으로 보더라도 좀 이해하기 어렵다. 과학 역시 모든 것을 다 해결해 주는 것이 아닐 뿐만 아니라 신적인 영역의 문제를 인간의 실증적인 과학으로 풀 수도 없기 때문이다. 그러므로 누군가가 교회에 가서 신을 영접하자고 전도할 때 어떤 이는 스스로 매우 과학적이라는 것을 과시하듯이 '신이 어디 계시냐? 혹은 '신은 없다'라고 단정하는 이들이 있기도 하다.

과학적이지 못하다고 해서 신을 부정하는 이들은 정말 신의 부재(不在)를 과학적으로 증명할 수 있을까? 아마도 아닐 것이다. 어찌 보면 신이 있다는 것을 증명하기 보다는 신이 없다는 점을 증명하기가 더욱 어려운 문제일 것이다. 왜냐하면 이 넓은 우주에 신이 '어디에' '왜' 없는지를 증명하기란 불가능한 것이기 때문이다. 이렇듯 흔히 세상에서는 연관이 없는 사상과 종교의 문제를 연계하여 쓸모없는 논쟁을 하곤 한다. 근래에는 신학(神學)에 이어서 신의 존재를 더욱 정밀하게 증명해 보이겠다고 해서 창조과학(創造科學)이라는 영역이 새로이 등장하였다고 하던데, 나의 작은 식견으로는 더더욱 이해할 수 없는 대목이다.

그렇다면 종교적인 측면으로 말해서 유교는 종교인가 하고 의아해 할 수도 있을 것이다. 특히 본디 유가에서 나온 유교에서는 내세나 조물주의 존재를 인정하지 않기 때문에 종교일 수 없다고 했는데, 종교(宗敎)의 종(宗)자는 '마루 종'으로 뜻으로 여기에서 마루는 곧 '으뜸'이라는 말이다. 즉 종교란 으뜸이 되는 가르침이다. 인생에 있어서 사람들마다 무엇인가를 스스로 믿고 따르는 으뜸이 되는 가르침으로 여긴다면 역시 넓은 의미에서 종교가 될 수 있는 것이 아닐까 한다.

게다가 유교에서도 우주 창조의 조물주는 아니지만, 조상신에 대한 제례를 중시하는 만큼 내세를 완전히 부정한 것이 아님을 알 수 있다. 그래서 '마루 종(宗)'자를 풀어 보면 집을 의미하는 '면(宀)'자와 제사에서 예를 올린다는 의미를 가진 '시(示)'가 합하여 만들어졌듯이, 종(宗)은 본디 제사를 올리는 집이라는 뜻이다. 그래서 특히 한자가 만들어진 원리 가운데 그동안 먹고살게 해준 조상신에게 대한 보답과 감사를 보이기 위한다는 뜻을 지닌 '보일 시(示)'가 들어 있는 글자들은 대개 제사의식과 관련이 매우 깊다. 예를 들어보면, 조상의 '조(祖)'자가 조상무덤의 비석에 제사를 올린다는 의미이고, '복(福)'자가 제사를 올림으로써 받게 되는 것이라는 의미이고, 요사이 축하한다는 뜻으로 많이 쓰이는 '축(祝)'자역시 제사를 올리는 주체가 바로 형(兄)이라는 의미에서 본디 '기원한다'는 의미가 강했다. 여기에서 형(兄)자를 풀어보면 '입 구(口)'와 '사람 인(儿)'이 합쳐진 글자라는 것을 알 수 있는데, 입이 큰 사람이라기보다는 집안에서 발언권이 센 사람이라는 뜻이다. 바로 형이라는 존재가 집안에서 어떤 위치를 차지하는가를 말하는 것이며, 바라는 대로 해달라고 주문을 외우는 것을 '입 구(口)'와 '형(兄)'자를 합쳐서 '주문을 외다'라는 뜻인 '주(呪)'라고 하는 것이다. 그러므로 제사를 지내는 집인 종가(宗家)에서 조상(祖上)에게 주문(呪文)을 외워 복(福)이 내려지도록 축원(祝願)하는 것이 당시 일반적인 사회의 양식이었는데, 이러한 가족질서는 맏형에 의해서 주도되어야 하는 것이므로 이러한 예법제도를 종법제도(宗法制度)라고 하는 것이다. 즉 종법제도는 집안에서 누가 으뜸의 권한을 갖는 것인가 하는 문제를 규정해 둔 제도라고 할 수 있다.

2. 하늘의 도를 밝히다

이렇듯 유가에서는 자연만물의 창조주로서 조물주(造物主)를 인정하는 것은 아니었지만, 이 우주에는 원리로서의 하늘의 도리인 천도(天道)는 있다고 보았던 것인데, 이에 공자는 실증적이고 합리적이었던 만큼 죽음의 경우처럼 실제로 눈으로 보지 않거나 확증

하지 못하는 사실에 대하여 죽어서 어떻게 된다는 식의 말은 하지 않았던 것이다. 다만 하늘에 만물의 운행을 주재하는 것이 있을 것이라는 믿음에서 하늘에 도(道)가 있고, 그 도가 실현되게끔 부여되는 명(命)에 의해 자연만물이 운행된다고 여겼던 것이다. 그리고 현재 살아 있는 존재인 자신의 근원자인 조상의 귀신에 대해서는 감사하는 마음으로 참배해야 한다는 뜻에서 조상신으로서 귀신은 인정한 것이라고 할 수 있다. 이것 역시 공자의 실증적인 태도를 보여주는 실례이다.

이것과 함께 『논어·술이(述而)』편에서 "선생님께서는 괴이한 것, 힘으로 억지로 하려는 것, 세상을 어지럽히는 것, 신비스러운 일은 말씀하지 않으셨다.(子不語怪力亂神.)"라고 하였는데, 여기에서 공자가 말하지 않았다는 '신(神)'이란 요사이 흔히 God의 의미로 많이 쓰여서 창조주를 인정하지 않기 때문에 유교가 종교가 아니라고들 말하는 증거라고 하지만, 여기에서 '신(神)'은 조물주의 의미가 아니라 형용사로서 '신비하여 검증되지 않는 것'이라는 의미로 봐야한다.

『논어(論語)·선진(先進)』편에 공자가 그의 제자인 계로(季路)와 나눈 다음과 같은 대화가 나온다.

> 계로가 귀신을 섬기는 것에 대하여 묻자. 공자가 대답하기를, "사람도 제대로 섬기지 못하는데, 어찌 귀신을 섬길 수 있겠느냐?" 그리고는 "죽음에 대하여 여쭙겠습니다."라고 하자, 공자는 "삶도 아직 잘 모르는데, 어찌 죽음을 알겠느냐?"라고 하였다.(季路問事鬼神. 子曰: "未能事人, 焉能事鬼?" 曰: "敢問死." 曰: "未知生, 焉知死?")

이 대화 역시 유가는 종교가 아닌 이유를 설명할 때 흔히 인용되는 내용이다. 유가의 창시자인 공자는 '죽음'도 '신'도 인정하고 있지 않았으니, '종교가 아니다'라고 하는 것이다. 그런데 공자는 영적인 존재인 귀신보다는 살아 있는 사람에 대하여 죽은 다음의 세계보다는 지금 인간이 살아가는 이 세상에 대하여 살필 것을 말했던 것이다.

그런데 공자와 계로의 대화를 가만히 뜯어보면 공자가 정말로 신과 죽음을 부정하지는 않았다는 것을 알 수 있다. 죽음에 대해서는 '잘 모르며' 귀신보다는 '인간'을 섬겨야 한다고 했을 뿐이지 귀신과 내세 그 자체가 없다고 부정한 것은 아니다. 공자는 매우 실증적인 사고방식을 가지고 있었기 때문에 자신이 경험하지 않은 것이거나 분명히 잘 알지 못하는 것에 대해서 함부로 말하지 안 했을 뿐이며, 공자가 내세를 완전히 부정했다고도 할 수 없다. 죽은 다음의 세계를 알 수 없기 때문에 '불가지(不可知)'이지, 신의 존재를 없다고 분명하게 부정한 무신론(無神論)은 아니기 때문이다.

공자는 『논어·팔일(八佾)』편에서 선생님께서는 "하늘에 죄를 지으면 빌 곳도 없다.(獲罪於天, 無所禱也.)"라고 하였다. 즉 공자는 하늘을 늘 빌 대상으로 여겼다는 것을 알 수 있으며, 또 "귀신을 공경하되 멀리한다.(敬鬼神而遠之.)"라고도 말한 것처럼, 예배를 올려 축원을 하는 대상으로서의 귀신은 인정했던 것이다.

그렇지만 공자 사상의 요체는 현실사회 속에서 완성된 인간이 되기 위한 도덕의 수양을 중시하면서, 그것의 절대적인 보편성은 하늘의 도리 즉 천도(天道)를 따르는 데에 있다고 생각했던 것이다. 공자에게는 하늘이 창조주 혹은 조물주라는 식의 오늘날과 같은 종교적인 입장에서 받아들인 것이 아닌 것, 즉 알 수 없는 '불가지(不可知)'의 존재였지만, 하늘에는 변하지 않는 천지만물의 운행 원리가 있어서 인간 역시 그러한 도리를 꺼닫고 실천해야 한다고 여겼으니, 공자의 생각은 어디까지나 인간중심의 사상체계였다고 할 수 있다.

3. 인문의 시대를 연 공자

공자는 『논어·위령공(衛靈公)』에서 "사람이 도를 넓히는 것이지, 도가 사람을 넓힐 수는 없는 것이다.(人能弘道, 非道弘人.)"라고 한 것처럼, 공자의 시대에 이르러서 인간중심의 인문(人文)의 시대를 열었다고 평가할 수 있다. 공자는 우주 만물 존재의 근원자로서 형이상(形而上)적 존재인 도(道)에 대하여 좀 이율배반적인 태도를 가졌다고 할 수 있다. '사람이 도를 주재할 수 있다'고 했으면서 자신의 사상적 연원은 천도(天道)에 두고 있으니 말이다.

'하늘 천(天)'자는 본디 사람을 뜻하는 '大'에 획을 하나 더한 모양이다. 즉, 사람의 머리 위에 자리하는 존재라는 뜻이다. '길 도(道)'는 '갈 지(之)'자와 '머리 수(首)'가 합쳐진 글자로서 '사람이 간다'는 뜻의 글자인데, 명사로 쓰여서 '길'이라는 뜻으로 확대되어서 인도(人道)라고 하면 사람이 가는 혹은 가야할 길뿐만 아니라 사람으로서 가야 할 올바른 도리라는 뜻으로도 쓰인다. 그러므로 천도(天道)란 하늘이 가는 길을 말하는 것으로 이것은 곧 천지자연이 운행하는 이치를 말하는 것이다.

아무런 학문 지식이 축적되지 않았던 상태였던 그 옛날에 인간에게서 하늘만큼 두려운 존재는 아마도 없었을 것이다. 태양이 지구로부터 조금만 가깝거나 멀었더라면 아마도 인류는 존재하지 못했을 것이기 때문이다. 또 아니면 그 옛날 최초의 인류가 처음으로 먹을 것이 넉넉한 가을을 보내며 차디찬 겨울을 맞이하면서 또다시 봄과 여름이 올 것이라는 확신이 들기까지 인류는 얼마나 두려움 속에서 봄이 오지 않으면 어쩌나 걱정하면서 겨울을 보냈을까를 추측하기는 어렵지 않다. 오늘날 우리가 동지(冬至)에 팥죽을 먹으면서 기념하게 된 이유 역시 날이 거듭 짧아지는 속에서 사람들이 이러다가는 세상이 결국 밤만 계속 되는 것은 아닌 것일까 하는 두려움 속에 떨다가 동지가 지나면서 서서히 날이 다시 길어지게 마련이라는 확신을 갖게 되면서 동지의 고마움을 기리게 되었다고 한다.

오늘날까지도 아무리 하찮아 보이는 자연의 재해라도 인류에게는 치명적인 결과를 끼치는 것이니, 인간들이 제대로 손도 못 쓰고 그냥 지켜볼 수밖에 없는 존재인 자연이란 예나 지금이나 놀라움과 두려움을 함께 지녔던 존재라고 할 수 있을 것이다.

그리하여 고대 중국 사람들은 천도가 자연만물을 주재하는 것이라고 믿게 되었을 것이다. 다만 기독교에서 말하는 조물주처럼 인격적인 모습을 하고 있는 만물의 창조주가 아니라 늘 두려움의 대상으로서 천지만물의 운행의 법도를 관장하는 존재가 바로 천도(天道)라고 여겼던 것이다. 공자는 『논어・위정(爲政)』편에서 "내 나이 50에 하늘의 명을 알게 되었다.(吾……. 五十而知天命.)"라고 하였는데, 공자가 50세에 알게 되었다는 천명(天命)이란 무엇을 말하는 것일까? 여기에서 공자가 알게 되었다는 명(命)이란 흔히 '명령'이라는 뜻으로 새기는데, 본디 명(命)은 사람이 하늘로부터 부여받는 귀하고 천함 또는 오래 살고 일찍 죽는 것과 같은 운명(運命)을 말한다. 이 말에는 매우 숙명적인 의미를 갖는데, 여기에 변화의 개념을 가진 '운(運)'의 존재도 믿었다. 만물이 숙명적으로 부여받는 명(命)과 함께 후천적인 노력이나 환경의 변화로 인해 그 명이 얼마만큼은 바뀔 수 있다는 뜻에서 '흐른다'는 뜻을 보탰던 것이다. 공자는 어디까지가 명이고 어디까지가 운이라고는 하지 않아서 분명히 가누어 말하지는 않았지만, 공자 역시 인간이 그들의 역사를 모두 관장할 수는 없는 존재라는 것을 인정한 것이라고 할 수 있다.

지구상의 여러 생명체 가운데에서 인간만이 지니는 가장 독특한 것이라면 도구의 사용과 함께 언어구사 능력을 들 수 있을 것이다. 현재까지 고고학적 연구로 밝혀진 바로는 약 2·3백만 전에 이 지구에 나타나기 시작한 직립원인(直立猿人)이라는 뜻의 호모에렉투스는 현생인류의 직접적인 조상이 아니지만, 약 6·7백만 년 전에 지구에 나타나 네 발로 기어 다니던 오스트랄로피테쿠스와 달리 직립하게 됨으로써 인류가 언어를 가지게 되는 결정적인 계기가 되었다고 한다.

인류가 직립함으로써 땅에 디디던 앞발을 자유롭게 놀리게 되고, 그 때문에 두뇌의 발달을 촉진하게 되고, 기어 다닐 때에는 땅만 보고 다니다가 직립하면서 멀리까지 보다 보니 생각이 많아지고, 한편 서서 다니다 보니까 목의 발성기관이 눌리지 않아 말을 하는

데까지 쉽사리 발전하게 되었다고 한다. 그러므로 인간이 직립하게 되었다는 것이 다른 동물들과 달리 인간만의 독특한 생활 영역을 가게 되었다고 진화론자들은 말하고 있다. 한편 사람 인(人)자를 사람이란 사람들이 서로 의지하며 살아가야 하는 존재라는 뜻으로 풀이하는 이들도 있지만, 본래는 사람이 서 있는 것을 그린 상형문자(象形文字)였다. 이렇게 그린 것 역시 우연이 아니라 당시 중국인들은 인간이 다른 짐승들과의 차별성을 '서 있는 것'으로 본 것은 매우 돋보이는 점이 아니라 할 수 없다.

언어를 갖게 된 이후 인간이 사회를 이루고 살아가게 된 것 역시 언어를 가지고 서로 의사소통을 하기 시작하면서부터 가능했을 것이다. 인간이 각자 자신에게 부족한 힘이든 지혜를 남에게서 의지하여 얻을 수 있었던 것 역시 언어를 통해서였을 것이다. 그리고 때로는 생존을 위해서 자신에게 부족한 것을 빌려오기도 하고 의지하기도 하였겠지만, 때로는 배울 필요와 함께 가르쳐 줄 필요도 있었을 것이다. 이것이 인간의 사회에 교육이라는 양식이 존재하게 된 가장 최초의 정황이었을 것이다.

이후로 인간들은 생존을 위한 기술에서부터 자신들의 고유한 삶의 양식을 보존하기 위해서라도 자신들만의 교육제도를 형성하고 계승 발전시켜 왔다고 할 수 있다. 이것은 곧 인류가 문명을 이루고 살아가기 시작했다는 말이기도 할 것이다. 중국에서도 구석기시대에 접어들면서 불을 사용하고 그릇이나 도구를 만들면서 가르치고 배우는 일이 필요하게 되었을 것이며, 이후 신석기시대에 이르기까지는 세계 어느 곳이나 대개 비슷한 양상의 삶을 누렸을 것이라고 쉽사리 짐작할 수 있다.

청동기시대에 이르러서야 세계 주요 문명국들은 각기 나름의 고대문명을 일구고 살아온 만큼 문명이 발생한 지역마다 각각의 특색을 이루었다고 할 수 있다. 이러한 고대의 문명들 역시 교육을 통해서 가능했던 것이며, 중국 역시 그 어느 지역보다도 오랜 역사와 지정학적 특징 속에서 체계적인 교육제도를 이루고 살아왔다고 할 수 있다.

　특히 인류가 문자를 발명하면서 보다 많은 경험과 지식 그리고 보다 정교해진 인간의 의식을 전달할 수 있게 되면서 인간의 사회에는 교육이 더더욱 절실해지게 되었을 것이다. 중국에서는 신정(神政)의 시기인 상대(商代)를 거쳐 서주대(西周代) 공자(孔子)에 이르러서야 유가가 탄생하면서 인간중심의 인문시대를 열었다고 평가할 수 있다. 그러므로 오늘날 공자를 사상가로서뿐만 아니라 교육가로도 일컫는 이유일 것이다.

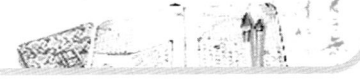

『시경(詩經)』에 담긴 유가의 정신

1. 사학(私學)을 비로소 연 공자

현재 남아 있는 믿을 만한 문헌들 가운데 『맹자・등문공(滕文公)』 상편에는 전국(戰國) 이전시기 교육제도의 정황을 알 수 있는 것이 있다. 고대 중국에는 국학(國學)으로서 태학(太學)이 있었고, 향학으로는 전설적인 왕조라고 알려진 하대(夏代)에 교(校)라는 학교가 있었고, 은대(殷代)에는 서(序)라는 학교가 있었고, 주대에는 상(庠)이라는 학교가 있었다고 한다. 그렇지만 하대는 아무래도 청동기 이전 신석기시대로서 이때에 정말 실효적인 지배가 이루어지던 국가가 실질적으로 존재하였는지를 의심받는 만큼 맹자가 말했던 것과 같은 교육제도가 존재했을 것이라고 믿기가 어렵다.

실제로 왕조국가의 형태로 존재했을 것이라고 인정할 만한 시기인 상대(商代)에 이르러서야 유물로 검증이 가능한 역사시대가 열렸다고 할 수 있다. 이 시기에 고안된 문자로서 오늘날 우리가 쓰는 한자의 원형인 갑골문자(甲骨文字)가 있었는데, 이때의 기록을 보면 당시 이미 책읽기, 글쓰기 교육은 물론 천문·역법·종교·윤리·군사와 일반 문화지식 방면에도 이미 진보적인 교육이 이루어졌으며, 당시는 전형적인 정교합일(政敎合一)의 관학(官學)의 체계와 문무를 겸비한 육예(六藝) 교육이 본격적으로 실시되었다고 했다.

이어서 서주(西周)대에 이르러서야 비로소 귀족계층의 사회생활에 필요한 도덕규범으로서의 지식을 위주로 하는 교육이 본격적으로 이루어졌으니, 이들 과목 가운데에서 예(禮)와 악(樂)은 사회를 이끄는 귀족들 간의 질서를 공고히 하고 나라를 통치하는 데에 중요한 역할을 한 수단이었다. 즉 서주시기의 선생님들은 모두 나라의 관리로서 국가의 교육과 종교행사를 동시에 두루 담당하였다.

이후 동주(東周) 춘추시기에 이르러서 공자에 이르러서는 비로소 사학(私學)이 성립되어서 교과과목이나 가르치는 목적에도 변화가 일어났다. 특히 공자는 특히 시가(詩歌)교육을 중시하여 시가교육이 당시 사회에서 매우 의미 있는 역할을 한다고 여겼다.

인간 사회에서 교육이 당연히 중요하리라는 것은 알겠는데, 어째서 시(詩)를 일컬어서 그렇게까지 말하였던 것일까? 시가 인간 사회에 있어서 어떻게, 왜, 그리고 어떤 효용가치를 가지고 있기에 꼭 배워야 한다고 했던 것일까?

유가 경전 가운데 흔히 첫 번째 꼽아서 일컫는 『시경(詩經)』의 첫 대목인 관저(關雎)편의 내용을 한 번 읽어 보도록 하자.

關關雎鳩, 꽥꽥 우는 저 물새
在河之洲, 강가 모래섬에 있네.
窈窕淑女, 아리따운 숙녀
君子好逑. 군자의 좋은 짝이로다.

參差荇菜, 들쭉날쭉한 마름풀을
左右流之, 여기저기 물길을 따라 따네.
窈窕淑女, 아리따운 아가씨
寤寐求之. 자나 깨나 찾고 있네.
求之不得, 찾아도 얻지 못하니,
寤寐思服, 자나 깨나 생각하고 그리워하네.
悠哉悠哉, 아득하고 아득하여라
輾轉反側. 이리저리 뒤척이기만 하네.

參差荇菜, 들쭉날쭉한 마름풀을
左右采之, 이리저리 캐도다.
窈窕淑女, 아리따운 아가씨를
琴瑟友之. 거문고와 비파로 벗하네.
參差荇菜, 들쭉날쭉한 마름풀을
左右芼之, 이리저리 삶아 올리네.
窈窕淑女, 아리따운 아가씨와
鐘鼓樂之. 종과 북을 치며 즐기네.

　아무 생각 없이 위의 시를 읊어보면, 이 시는 분명 봄날 아가씨
들이 개울가에 나아가 풀을 뜯으며, 멋진 사내를 만나 거문고 두
드리고 비파 치며 즐기고픈 심정을 노래한 것이다.

　그런데 어째서 유가의 경전 가운데 『시경』의 첫 편에 불경스럽
게도 남녀가 야외에서 '어쩌면 잘 놀아볼까?' 하며 밤새 잠 못 이
루고 뒤척이는 아가씨를 그리는 장면의 시가 나오는 것일까? 유가
가 고리타분한 봉건예교의 상징인 것처럼 알고들 있는데 말이다.
우리는 흔히 '남녀칠세부동석(男女七歲不同席)'이라고 하여 남녀

간에는 좀체 가까이 해서는 안 되는 것인 것처럼 엄격한 규율을 들이대고 있는 것이 유가의 경전이겠거니, 여기고 있다. 경전(經典)이라고 하면 곧 '성인(聖人)의 말씀으로서 귀한 책'이라는 뜻이다. 우리는 흔히 성인의 말씀이라면 무엇인가 근엄하고 엄격한 내용의 '에헴'하는 내용이라고 여기기 쉽지만, 공자 역시 이와 같은 시경의 시를 한마디로 평하여 그 안에 담긴 뜻에 사악함이 없다는 뜻에서 "사무사(思無邪)"라고 하였고, 물론 시경의 시에 이처럼 남녀 간의 애정을 노래한 것만 있는 것은 아니지만, 그 제재가 대개는 "즐겁되 음탕하지 않고 슬프되 마음을 다치게 까지는 하지 않는다 (樂而不淫, 哀而不傷.)"라고 하였다.

『시경』은 중국 최초의 시가 총집이다. 공자가 주(周)나라 초기 (BC 11세기)부터 춘추시대 중기(BC 6세기)까지의 시가 305편을 모았다고 전한다. 크게 풍(風)·아(雅)·송(頌)으로 분류되며 모두 노래로 부를 수 있다. 풍은 민간에서 채집한 노래로 모두 160편이다. 여러 나라의 노래가 수집되어 있다고 하여 국풍(國風)이라고도 하는데, 주나라 당시의 15개 지방의 노래를 모아 분류한 것이다. 대부분이 서정시로서 남녀 간의 사랑이 내용의 주류를 이룬다. 아 (雅)는 궁중에서 쓰이던 작품이 대부분이다. 형식적·교훈적으로 서사적인 작품들이 있기도 하다. 송(頌)은 신과 조상에게 제사지내는 악곡을 모은 것이다.

『시경』의 내용은 매우 광범위하여 통치자의 전쟁·사냥, 귀족계층의 부패상, 백성들의 애정·일상생활 등의 다양한 모습을 담고 있다. 이처럼 유가 경전의 전형이라고 하는 시경을 통해서 공자는 인간 삶의 참 모습을 찾아보고자 했기 때문에 교육의 여러 덕목 가운데에서 시가의 교육이 무엇보다 중요하다고 여겼다. 그래서 공자의 시대에 와서 사학(私學)을 열고 시를 주요 과목으로 상정하였다.

2. 누구나 배우고자 한다면

서주 말기 교육제도에 커다란 변화가 일어났고, 공자와 같은 사(士)계층이 사학(私學) 여는 것을 주도하였다. 공자와 같은 사(士)계층은 평민과 지배계급의 중간 신분으로서 당시 집권 담당자인 제후(諸侯)들에게 문무(文武) 방면의 다양한 지식을 빌미로 하여 자신들의 생계를 이어가는 전문 지식인 집단이었다. 이들 사(士)가운데 유가(儒家)를 열었던 공자는 당시 열국들의 치열한 경쟁 속에서 부국강병의 대책만을 원하던 제후들에게 인간의 보편적인 이상으로서 인(仁)과 예(禮) 사상의 중요성을 일깨우고자 했다.

공자의 말씀을 모은 『논어』의 첫 장에 "비우고 늘 익히면 기쁘지 않은가?(學而時習之, 不亦說乎)"라고 한 것에서 항상 공부하라고 하는 것으로 시작하는 것만 보더라도 공자가 학습을 그 누구보다 중시했다는 것을 알 수 있다. 그 때문에 공자는 오늘날까지 스승의 대명사가 될 수 있었던 것이다. 즉 공자의 교육이상은 군자(君子)를 완성하는 것이로되, 군자는 흔히 수신제가치국평천하(修身齊家治國平天下)를 지상의 목표로 삼는데, 이러기 위해서는 덕(德)과 예능(藝能)을 겸비하여 세상에 보탬이 되는 쓰임이 되어야 한다는 책임과 의무를 가져야 한다고 했다. 이렇듯 덕과 예능의 겸비를 위한 교과목에 시가(詩歌)가 중요하다는 것이다.

그런데 공자 이전의 시대는 오로지 귀배계급의 자제들만이 배울 기회가 있었다. 그러므로 교육을 통해서 그들이 이미 장악하고 있던 권력과 부귀도 유지하고 또 이어갈 수 있었다. 당시의 교육은 일반 백성들 누구에게나 기회가 주어졌던 것은 아니었으니, 평민출신들이 교육을 받을 기회는 거의 주어지지 않았으며, 결국 아무런 교육을 받지 않고는 관직에 오를 기회도 없었으며, 오른다 하더라도 순탄하게 지속하지 못했을 것이 뻔한 일이었다. 뭘 알아야 면장일도 하듯이 말이다.

공자가 신봉하였던 주대(周代)의 예법인 주례(周禮)는 철저하게 귀족과 평민 간에 신분적인 차별과 역할이 다르다는 것을 전제조건으로 한 것이 주요 특징이기도 하였다. 그런데 『사기(史記)·공자세가(孔子世家)』에서 밝히고 있듯이, 공자에게는 많은 제자가 있었으며,[1] 『공자세가』에 나타나 있듯이, 공자는 전통적인 교육과목이라고 할 수 있는 육예(六藝) 가운데에서 서·예·악 3과목과 육예에 들어 있지 않던 시(詩)를 보태어서 모두 4과목을 주로 가르쳤다.[2]

그렇다면 어째서 공자 사학의 교육과목에 시가 들어갔고, 육예 중에서 세 가지인 말 타기·활쏘기·셈이 빠졌을까? 공자가 시를

---

1) "공자는 시서예악을 가르쳤는데, 제자가 대개 3천 명이었으며, 몸소 육예를 통달한 이가 72명이나 되었다.(孔子以詩書禮樂敎, 弟子槪三千焉, 身通六藝者七十有二人.)"

2) "공자는 4가지로써 가르쳤는데, 文[학문]·行[예의 실행]·忠[최선을 다하기]·信[신용]으로써 하였고, 4가지를 못하게 하였는데, 자기 뜻대로만 하지 말며, 무리하며 반드시 하려고 하지 않기, 고집부리지 않기, 자기만 내세우지 않기이다.(孔子以四敎. 文行忠信. 絶四. 毋意, 毋必, 毋固, 毋我.)"

중시하였고, 말 타기·활쏘기·셈은 중시하지 않았다거나 그 자신이 능숙하지 못했던 것일까?

본래 서주(西周)초기에 시(詩)는 음악을 곁들인 노래였다. 음악이란 시, 노래, 춤 등을 포괄하는 것으로 보통 인간의 정서와 깊은 관계가 있으며, 음악을 통해서 바른 정치를 실현할 수 있다고 공자는 여겼다. 오늘날 음악은 일상 사회에서 여흥으로 즐기는 역할을 한다고 여기는데, 음악이야말로 인간의 자연스러운 감흥을 불러일으키는 것이며, 그 가운데에서 시가는 언어와 문자를 통해서 인간의 사상과 감정을 좀 더 구체적으로 옮기는 수단이 되는 것이라고 여겼다.

그래서 공자는 인간의 사상과 감정을 발현하는 역할을 하는 시가교육의 중요성을 말하면서 『논어』에서 시를 공부할 것을 여러 차례 언급하였다. 물론 공자가 시가교육의 가치가 있다고 한 것이 오늘날 말하는 순수문예적인 측면에서 시가교육의 가치를 강조한 것이라기보다는 수기치인(修己治人)과 같은 정치교화의 수단으로서 시가교육을 통해 한 사회의 올바른 일원이 되게 하는 임무를 담당하게 하는 수단이 된다는 것을 말한 것이다.

3. 시가(詩歌)를 배워야 하는 이유에 대하여

공자는 악(樂)에서 시(詩)를 새로운 영역으로 떼어 내었다. 공자는 『논어·태백(泰伯)』편에서 "시에서 일으키고, 예에서 서며, 악에서 이룬다.(興於詩, 立於禮, 成於樂.)"라고 하였는데, 이것은 시가 예악에 잘 어우러지는 것을 통해서 육예가 완성된다고 한 것이며, 공자는 시와 악의 영역을 분리하여 시가교육의 작용과 효용을 설명하고 있다는 것을 알 수 있다.

공자가 말하는 시는 인간 성정(性情)을 근본으로 한 것으로 바른 것도 있고 그른 것도 있어서 이미 말한 것이 이미 알기 쉬우며, 읊는 사이에 억양이 반복하는 것이 있어서 사람들을 감동시키기 쉬우므로 처음 배우는 때에 착한 것을 좋아하고 악한 것을 미워하는 마음이 일어나는데 그만 둘 수 없는 것이니, 반드시 이 시에서 얻게 된다고 주자(朱子)가 『사서집주(四書集註)』에서 시는 언어문자를 통해서 작가의 사상과 감정을 전달하는 작용을 한다는 것을 인정하였듯이, 공자는 시가 바로 인간의 성정에 근본하는 것이기 때문에 모든 일의 시작점이 되는 것이 바로 시라고 여겼던 것이므로 '시에서 일으킨다.'고 한 것이다. 즉 인간은 성정이 없을 수가 없는 것이니, 이러한 성정의 흥기는 바로 시를 통할 수밖에 없다는 것이다.

그러므로 음악을 통해서 지배계층 간의 내부 모순을 조화롭게 아우르면서 계층 간의 질서를 공고히 하는 작용도 함께 수행하는 역할을 한다고 보았다. 그러므로 예악은 당시 서주 시기 사회질서를 유지 발전시키는 중요한 교육과목이었다는 것을 알 수 있다. 그리고 이어서 "악은 천지간의 조화이고, 예는 천지간에 질서이다.(樂者, 天地之和也. 禮者, 天地之序也.)"라고 하였듯이, 예악은 인간 사회의 형성과 질서 유지에 있어서 중요한 덕목이 되는 것이며, 공자는 예악 이외에도 인간의 성정과 갚은 연관이 있는 시가를 따로 떼어서 교육과목의 하나로 성립시켰던 것이다.

4. 공자의 정치사상은 낭만적(浪漫的)?

　공자는 당시 제후들이 패권다툼을 하느라 세상이 어지러워진 것은 모두 예가 무너졌기 때문이라고 여겼다. 그런데 옛날 훌륭한 왕들께서 세자를 가르치는 데에도 반드시 예악(禮樂)으로 하였다고 하면서 나라를 다스리고, 사직을 안정되게 하고, 백성들을 가지런히 하고, 후손들을 이롭게 하는 것이라고 하였다. 예(禮)는 정치체제를 지키기 위한 도덕규범의 수단인데, 이것이 문예 방면에서 악과 더불어서 인간 성정의 발현인 시가교육이 무엇보다 중요하다고 여겨서 시·예·악을 삼위일체로 정립하여 교육하는 것을 통해서 공자가 여겼던 이상적인 도덕적 인격사회를 이루고자 했던 것이다. 이렇듯 선진시기의 교육과목 가운데에서 가장 중요한 과목인 시·예·악을 각각의 독립된 역할 작용이 있다고 여기고, 종합적으로 익히는 것을 통해서 인간 사회에서 바람직한 교화작용을 할 수 있을 것이라고 하였다.

　공자는 시가의 교육을 통해서 매우 다양한 방면의 효과를 기대하였다. 이미 「자로(子路)」편에서 밝힌 것처럼, 시를 배워 국내외 정치나 외교업무를 수행하는 데에 쓰임이 되는 것은 물론 시가의 교육을 통해서 집안의 부모를 제대로 모실 수 있으며, 나라의 임금을 섬기는 데에도 보탬이 된다고 하였으며, 새·짐승·풀·나무 등의 이름을 많이 알게 해 준다고 하기까지 하였다.

　「碩鼠」의 한 대목을 보자.

碩鼠碩鼠, 큰 쥐야, 큰 쥐야
無食我黍, 내 기장을 먹지 마라
三歲貫女, 삼 년 동안 너와 잘 지냈는데,
莫我肯顧, 나를 돌봐주려 하지도 않네.
逝將去女, 장차 너를 떠나서
適彼樂土, 저 즐거운 곳으로 가려 하네.
樂土樂土, 즐거운 곳 즐거운 곳,
爰得我所. 내 살 곳이라네.

　이 시는 당시 백성들을 괴롭히는 관리들을 큰 쥐에 빗대어서 그들이 백성들을 착취하는 것에 견디지 못하고 이제는 그만 그 자리를 떠나겠다고 말하는 내용이다. 이처럼 『시경』의 시는 당시 사회 현실을 적나라하게 읊고 있다. 이 시를 보고 위정자들은 당연히 그들의 정치를 바르게 해야겠다는 생각을 갖게 될 것이다. 앞서 「관저」편에서 젊은 청춘 남녀들의 보편적인 정서를 이해해야 한다는 메시지를 보내고 있듯이 말이다.

　이것은 『논어』에서 공자가 어째서 시를 배워야 하는가 하는 문제를 직접적으로 언급한 것 가운데 매우 구체적으로 시가교육의 정치사회적인 학습효과를 언급한 것이다. 첫째, 시는 사람들의 평상적인 감흥을 불러일으킬 수 있다는 의미의 흥(興)·세상이 어떻게 돌아가는지를 살필 수 있다는 관(觀)·위정자는 세상과 함께 할 수 있다는 군(群)·불합리한 세상사에 원망을 펼 수 있다는 원(怨)의 기능을 가지고 있다는 것이다. 둘째, 개인적으로는 집안을 보살피고 더 나아가서는 나라의 임금을 섬기는 근간이 되며, 셋째로는, 학문적으로 여러 많은 동식물 등의 이름을 비롯해서 그와 관련한 지식을 쌓는 데에 도움이 된다고 한 것이다. 이 가운데에서 특히 흥(興)과 원(怨)은 시가 인간의 평상적인 성정(性情)에 근간하는 것으로서 개인의 정서를 드러내는 작용을 할 수 있다는 점을 말한 것이라면, 관(觀)과 군(群)은 임금의 세상을 정치적으로 교화하는 수단이 된다는 점을 나누어서 말한 것이라는 의의가 있다.

 이것이 사상가이자 교육가인 공자의 사상이념은 당시의 교육제도에 있어서 일정한 의의를 가지고 있는 것이며 그러한 시가를 교육하여 일정한 역할과 작용 및 효과를 기지그 있다는 점을 밝힌 것이다. 공자의 어록인 『논어』에 학습과 관련한 언급만 보더라도 유가가 얼마나 학습을 중시했는지를 알 수 있었다. 그러므로 공자가 고대 중국에서 인간문화 중심의 인문(人文)의 시대를 연 사상가이며 교육가라고도 일컫는 것이다.

유가에 나타난 학문(學問)의 본뜻

1. 인류 문명의 시작과 교육

　인간에게 있어서 가장 결정적인 고비는 무어라 해도 역시 태어나고 죽는 것일 것이다. 이것은 자신의 존재를 이 세상에 존재하게 하고 각자의 삶을 끝내는 두 과정이기도 하다. 그렇지만 이 두 과정은 자신의 일이지만, 자기가 결정할 수 있는 일이 아니다. 그렇다면 그 다음의 고비라면 아마도 결혼 문제가 아닌가 싶다. 그리고 나서 하나 더 들라고 하면, 우리의 경우는 단연 공부 열심히 해서 대학에 들어가는 문제일 것이다. 오죽하면 돌아가신 분의 신위(神位)에다가 '～학생부군신위(～學生府君神位)'라고 하여서 살아온 내내 관직에 나아가지 않았던 분에게는 평생 '학생(學生)'의 신분이었다는 것을 일부러 밝히기까지 할까!

이처럼 학문은 한 사람의 인생에 있어서 가장 중요한 과정이 되는 것으로 각자 인생의 행복과 불행을 결정한다고 해도 크게 틀리지 않을 것이다. 뿐만 아니라 우리에게 지금 걸려 있는 사회문제의 종착점에는 대학과 관련한 교육문제로 귀결되는 경우가 많으니, 대학이라는 문제는 단순하게 고등학교를 마치고 들어가는 상급학교라고만 볼 것이 아니다. 그만큼 학문과 더불어서 대학의 의미는 우리에게 매우 중대한 주제가 되는 것이며, 더구나 유가(儒家)는 다른 어떤 학술 사상과 종교 가운데에서 '배우고 익히는' 것에 힘쓸 것을 강조한다. 현재 우리에게는 University로서 최고 교육기관인 대학이 있고, 전통적인 유가사상에서 제시하는 경전(經典)으로서 『대학』이 있듯이, 성인의 말씀 가운데에서 배움은 특히 이처럼 강조되었다. 앞장에 이어서 유가의 이념에 반영된 교육과 대학의 의미를 거듭 살펴보고자 한다.

인류가 다른 짐승과 다른 몇 안 되는 특징 가운데 가장 독특한 것이라면 언어와 문자, 그리고 도구를 사용하는 것이라고 했다. 그리고 이렇게 된 이유는 진화론적 과학지식으로는 인간이 네 발로 기어 다니다가 두 발로 일어나면서부터라고 하였다. 그래서 한자로 사람 인(人)자는 두 발로 서 있는 사람을 형상하는 것이다. 이러한 과학적 사실을 고대중국인들이 알고 사람 인(人)자를 만들었다고 볼 수는 없지만, 어찌 되었건 사람 인(人)자를 만들면서 인간만이 유일하게 걷는다는 특징을 잘 살려서 만든 글자임에 틀림없다.

이후로 인간은 언어와 문자를 통해서 이 지구상에서 인간만의 독특한 문화와 문명을 형성하며 살아왔다. 그러기 위해서 인간은 역시 인간만의 독특한 양식인 교육제도를 통해서 인간들이 일구어 놓은 문화와 문명을 보존하고 발전시켜 나아갈 수 있었다.

앞 장에서도 언급하였듯이, 중국에서는 서주 초기로부터 관학(官學)의 형태로 교육제도를 갖추고 있었는데, 사학을 성립한 공자에 이르러서 교과과목과 가르치는 목적도 변화가 일어났다. 특히 공자는 교육을 중시하였는데, 공자의 어록이 담긴 『논어』를 중심으로 당시 교육과 관련한 내용을 살펴보아서 사람은 과연 무엇을, 어떻게, 왜, 그리고 어떤 효용가치를 위해서 가르치고 배워야 한다고 했던 것인지를 밝혀 보고자 한다.

여기에서 논어에는 "자왈(子曰)"이라고 하여서 "선생님께서 말씀하시기를…"이라고 하면서 공자의 말을 전하는 형식을 취하는데, 여기에서 '자(子)'는 선생님이라는 뜻으로 논어가 공자가 죽은 이후 그의 제자들에 의해 지어졌다는 알 수 있다.

공자가 배움과 관련하여 여러 말을 한 것처럼, 이후 오늘날까지 우리들의 사회는 무엇보다도 공부하는 것에 한 마디로 인생을 걸었다고 할 만큼 '공부, 공부'를 늘 되뇌며 살아 왔다고 할 수 있다. 어째서 그토록 공부에 목을 매는 것일까? 바로 우리 사회의 전통이 공부가 그 사람 인생의 대부분을 결정하는 방식으로 발전을 해 왔기 때문이며, 이러한 전통은 바로 공자에서 시작되었다고 할 수 있다. 앞의 제1강에서 공자 삶의 역정을 살펴보았듯이, 매우 어려운 가정 형편이라서 공자 자신이 창고지기, 목동, 장례일 등을 하면서도 공자 자신은 늘 학문을 가까이 함으로써 선생이 되고 결국 인류의 성인(聖人)으로 추앙받게 되었는데, 이것이 모두 학문을 통해서 가능했던 것이다.

2. 인간이 배워야 하는 이유에 대하여

인간이 어째서 공부를 해야 하는가에 대하여 공자는 여러 방면에서 여러 언급을 하였다. 우선, 인간의 본성에 대한 공자는, "인간이 타고난 본성은 서로 비슷하지만, 학습이 그들을 매우 다르게 한다.(性相近也, 習相遠也)"라고 하였다. 공자의 이 말은 참으로 여러 방면의 견해를 축약해서 한 말이라는 평가를 받는다. 특히 인간이란 타고나면서부터 비슷한 능력과 자질을 가지고 태어나는 것이며, 태어나 성장하면서 각자의 여러 주변 환경과 그들 자신의 배우고 그렇지 못함에 따라서 사람들이 각기 차별이 생긴다는 말이다. 인간이 타고나는 본성과 자질이 서로 유사하다고 한 언급이야말로 당시 사회가 지배와 피지배계층이 엄연하던 혹독한 사회분위기에서 이런 식의 선언은 아마도 파격 그 자체였을 것이다. 그러므로 기독교와 달리 유가에서는 성인(聖人)의 개념은 완전한 인간이면서 신의 경지에 살짝 발을 걸쳤다고 할 수 있는데, 이와 같은 성인은 결국 교육을 통해서 이루어지는 것이라고 하였던 것이다.

특히 공자가 인간의 본성에 대해서, "성은 서로 비슷하게 타고나지만, 습관이 서로 멀어지게 한다."라고 말한 것은, 인간 본성에 대해 좀 애매한 입장을 취한 것이기도 한데, 성선설(性善說)을 말한 맹자는 인간이 학문 수양을 하고자 하는 마음을 가진 것 역시 인간이 선하다는 증거라고 하였지만, 성악설(性惡說)을 말한 순자 (荀子)가 보기에 이것은 본성(性)과 인위(人僞)를 구별하지 못해서 생긴 오류라고 여겼다. 맹자가 '성상근(性相近)'에 찬동하여 인간 이 타고나는 착한 본성을 잘 계발할 것을 말했다면, 순자는 '습상 원(習相遠)'에 주의하여 인간의 무한한 욕망으로 인해 악한 데로 빠지게 되는 것을 후천적인 학습을 통해서 제어해야 한다고 했다. 그러므로 인간의 본성은 본디 타고나는 것이니, 학문 수양을 통해 서 얻어지는 것이 아니며 인위적으로 꾸미는 것이 필요치 않은 것 이라고 했다. 오히려 인간은 타고난 본성이 악하기 때문에 학문 수양을 통해서 인간의 악한 본성을 제어해 가야한다고 보았다. 맹 자나 순자 역시 각각 공자의 정통을 계승하였다고 자부하였으며, 공자·맹자·순자의 각각의 논의는 좀 애매한 측면이 없지 않은 데, 그들은 공통적으로 교육이 바로 인간을 인간답게 만드는 중요 한 통로가 된다는 것에는 모두 동의하고 있다고 할 것이다.

배우고 익히는 것과 관련하여서 논어에는 이밖에도 여러 형식의 말과 대화 글이 있다.

3. 교육가로서 공자

우리는 흔히 공자를 사상가로 인식하지만, 공자에게 타이틀이 하나 더 주어진다면 그것은 당연히 교육가일 것이다. 공자의 어록 인 『논어』의 첫 편인 「학이(學而)」의 첫 장은 이렇게 시작된다.

선생님께서 "배우고 늘 그것을 익히면 참으로 기쁘지 아니한가?…"라고 하셨다.(子曰, 學而時習之, 不亦說乎?…)(『論語·學而』)

위의 말은 『논어』를 전문적으로 공부하지 않는 이라 할지라도 이 말만큼은 익히 들어오던 말일 것이다. 공자의 이 말은 결국 사람으로서 늘 공부하면 기쁜 것이니 어째서 공부하지 않을 이유가 있겠는가라고 한 것이다. 앞장에서 인간이 도를 넓혀 개척하는 것이지, 도가 인간의 질서를 주재하는 것이 아니라는 뜻에서 말한 공자의 언급(人能弘道, 非道弘人)이 인간이 진정으로 인간 삶의 주체가 되는 것이라는 점을 처음으로 언급한 것이라고 평가할 수 있다고 하였다.

이 구절은 『논어』의 첫 장인 「학이」장 첫 구절이다. 항상 배우고 익히라는 이 말은 아마도 공자가 가장 절실하게 하고 싶었던 말이 아닌가 짐작된다. 공자 자신도 그랬었지만, 인간은 누구나 후천적인 학습과 노력을 통해서 자신의 인생을 개척해 나아갈 수 있는 존재라고 뜻에서 한 말이기도 하다.

공자의 주(周)나라는 봉건사회로서 사람은 태어나면서 인생의 갈 길이 대부분 결정이 나던 때였는데, 공자가 태어난 때는 그런 봉건질서가 무너지고 새로운 이념과 가치관이 나타나던 시대였다. 그렇기 때문에 어느 때보다도 개인의 능력이 자신의 인생과 장래를 결정하는 중요한 요소가 되었다. 공자가 귀족의 자손이기는 했지만 집안은 이미 몰락한 상태였고, 70세가 다 된 아버지의 아들로 태어나 세 살 때 그나마 아버지를 여의고 게다가 후실의 아들로서 별다른 능력이나 후원이 없던 상황에서 어쨌거나 오늘날까지 '인류의 스승'으로 추앙을 받는 성인의 자리에까지 올랐으니 말이다. 이것은 바로 공자가 학문을 열심히 닦아서 이루어낸 결과라고 말할 수 있으며, 마치 불교에서 석가가 깨달음을 통해서 성불(成佛)하였다는 것처럼 성인의 길로 간 것이 서로 비슷한 측면이 있다. 이것은 유가(儒家)에서 누구나 학문을 열심히 닦으면 성인의 길을 완성할 수 있다고 우리 모두에게 희망을 주는 대목이기도 하다. 실제로 오늘날까지도 학문을 열심히 닦는 것이야말로 개인적인 출세와 영광을 위해서도 가장 안정되고 확실한 방법이라고 할 수 있으니 말이다.

그렇다면 공부하는 것이 정말 기쁠까? 공자야 성인이니까 그럴 수 있겠거니 여기면 그만이지만, 공자 스스로는 "생이지지(生而知之)" 곧 나면서부터 모든 이치를 깨달은 성인이기를 자처하지 않았고, 그냥 늘 힘쓸 뿐이라고 했던 것처럼 아마도 공자 역시 공부하는 자체가 즐겁기만 하지는 않았을 것이다. 아무래도 노는 것이 재미있지 어째 공부하는 것이 즐거울까? 다만 공부를 통해서 얻어지는 깨달음과 대체로 공부를 통해 얻어지는 결과가 개인적으로나 사회적으로 영광스럽게 된다는 것을 알고 열심히 노력하다 보면 기쁘고도 행복하게 된다는 것은 부정할 수 없는 것이다.

이 구절에서 우리가 흔히 배우고 익힌다는 의미로 이해하는 '학습(學習)'이라는 말의 어원을 알 수 있다. 즉 배운다는 '학(學)'의 본디 글자 뜻은 아이[子]가 책상[冖]에 앉아서 양 손[臼]으로 효(爻)를 잡고서 점을 치는 모습을 그린 것으로서 인류의 지식수준이 매우 낮아 묻고 알아볼 만한 대상이 하늘뿐이었을 때에 만들어진 글자이다. 즉 '학(學)'자는 몰랐던 사실에 대해 알게 되는 과정을 말하며, '습(習)'은 날개 달린 새[羽]가 하늘[日]에서 열심히 날려고 애쓰는 모습을 그린 것이다. 그러므로 학습이란 말은 몰랐던 것을 익히고[學], 알고 있는 것을 잊지 않도록 열심히 복습[習]한다는 뜻이다.

4. 누구를 가르칠 것인가?

> 선생님께서 "가르침에는 부류를 나누지 않는다."라고 하셨다.
> (子曰 "有敎無類."『論語・衛靈公』)

가르치는 데에 부류를 가리지 않는다는 뜻의 '유교무류(有敎無類)'의 정신은 인류 교육사에 있어서 참으로 의의 있는 한 마디이다. 서주(西周) 당시 배움은 지배계층의 전유물로서 완벽한 통치를 위한 수단을 익히는 과정이었는데, 공자의 시대에 이르러서는 누구나 배우기를 원하는 이들에게는 배움의 기회를 주어야 한다는 것을 실천했다고 할 수 있다. 『한서(漢書)・예악지(禮樂志)』에서도

> 음악은 성인이 즐기는 것으로서 그것으로 백성의 마음을 선하게 할 수 있다. 악은 사람의 마음을 깊이 감화시키고, 풍속을 변화시켜 옮겨가게 하기 쉽다. 그러므로 선왕께서 이 가르침을 드러내신 것이다.(樂者, 聖人之所樂也. 而可以善民心. 其感人深, 其移風易俗易, 故先王著其敎焉.)

라고 하였던 것처럼, 공자가 신봉하였던 주대(周代)의 예법인 주례(周禮)는 철저하게 귀족과 평민 간에 신분적인 차별과 역할이 다르다는 것을 전제조건으로 한 것이 주요 특징이기도 하였다. 이렇

듯, 공자의 시대에는 대체로 귀족계층의 자저들만이 배울 기회가 있었던 것이지, 일반 백성들 누구에게나 기회가 주어졌던 것은 아니다. 설령 평민출신에게 교육의 기회가 주어졌다고 하더라도 그것은 매우 드문 경우이며, 그가 나중에 관직에 오른다고 하더라도 일반 평민을 위해서 일한 것은 아니었다.

그런데 공자의 제자 가운데에는 평민은 물론 그 이하 천한 신분 계층의 사람들도 많았다고 한다. 이것은 유가에서 말하는 성인(聖人)에 이르는 것이 군자의 최고 덕목이라고 한 것과 더불어서 누구든지 배움을 통하여 성인이 될 수 있다는 것을 인정한 대목으로 매우 의의 있는 것이다.

5. 공부를 좋아한다는 것이란?

> 선생님께서 "군자는 먹는 것에 배부름을 추구하지 않고, 거처하는 것에 편안함을 추구하지 않고, 매사에 민첩하며 말은 신중히 한다. 도가 있는 곳에 나아가 늘 바르다. 이것이면 배우기를 좋아한다고 할 수 있다."라고 하셨다.
> (子曰 "君子食無求飽, 居無求安, 敏於事而愼於言, 就有道而正焉. 可謂好學也已."『論語・學而』)

오늘날 우리들은 책상 앞에 앉아서 열심히 새로운 지식을 습득하여 학문을 쌓는 것이 바로 학문의 길이라고 한다. 공자도 성인의 길로 가는 가장 확실한 길이 학문을 통해서이긴 하였겠지만, 이렇듯 지식의 습득만을 일컫는 것이 아니다. 그렇다면 매우 엄중하고도 깊이 있는 그럴듯한 무언가 있으려니 짐작할 수도 있겠지만, 공자가 제시한 방법이란 것이 위와 같이 매우 평범하다. 삶에 배부름과 편안함을 추구하지 않고, 행동은 적극적으로 하되 말은 신중히 하는 것이다. 여기에다가 인간으로서 나아가야 할 길인 도리(道理)를 지키며 살아가는 것일 뿐이다. 이렇듯 성인에게로 가는 길이 평범한데, 어째 우리는 성인이 못되는 것일까? 평범한 도리 속에 깊이 있는 진리가 담겨 있기 때문이다.

그런데 위의 덕목 가운데 "매사에 민첩하며 말은 신중히 한다. (敏於事而愼於言)"이라 하여, 공자는 말보다는 행동이 앞서야 한다는 의미에서 이 말을 했던 것인데, 이후 이것이 왜곡되어서는 모든 일에 적극적으로 나서기보다는 그냥 요령껏 눈치만 보다가 흠이 되지 않을 정도로만 하면 된다는 식으로 와전이 되어서 오늘날 유가가 사고에 자유롭지 못하고 소극적이어서 사람마다의 고유한 개성을 죽이는 나쁜 영향을 끼치게 되었다는 식으로 비난을 받기도 하는데, 이것 역시 허튼소리 하기를 꺼려했던 공자의 현실적인 삶의 태도로 보아야 할듯하다.

6. 안다는 것에 대하여

선생님께서 "너희에게 안다는 것에 대하여 가르쳐 주겠다. 아는 것을 안다고 하고, 모르는 것을 모른다고 하는 것 이것이 아는 것이다."라고 하셨다.
(子曰 "由誨女知之乎. 知之爲知之, 不知爲不知, 是知也."『論語·爲政』)

소크라테스가 네 자신을 알라고 했던 것은 자신의 정체성을 깨닫기 위해서는 아는 것과 모르는 것에 대한 이해가 우선이라는 말이기도 한 것인데, 공자는 안다는 것에 대하여 안다는 것 자체로서 완성의 단계를 중시한 것이 아니라 앎의 과정을 보다 중시한다. 누구든지 세상사 모두를 다 알 수는 없는 것이기에, 모르는 것을 모르는 것이라고 인정할 때 역시 아는 길로 나아갈 수 있다는 말이다.

이런 의미에서 공자는 「술이(述而)」편에서 스스로 "나는 나면서부터 아는 이가 아니라 옛것을 좋아하고 열심히 익히기를 힘쓰는 것이다.(我非生而知之者, 好古, 敏以求之者也.)"라고 하기도 했다.

그런데 공자는 아는 문제에 관련하여 「계씨(季氏)」편에서는 "나면서 아는 이가 위이고, 배워서 아는 이가 다음이고, 애써서 아는 이는 그 다음이고, 애는 쓰지만, 배우지 못하는 이가 백성인데, 이들이 가장 아랫니다!(生而知之者, 上也. 學而知之者, 次也. 困而學之, 又其次也. 困而不學, 民斯爲下矣)"라고 하였다. 이것 역시 공자가 지배와 피지배 혹은 군자와 소인을 가름한 계급성을 말한 것이라고 하여 비난을 받는 대목이다. 그런데 여기에서도 공자가 '생이지지(生而知之)'라고 한 것에 대해서 흔히 위에서 풀이한 것처럼 '나면서 아는 것'이라고 하여, 공자가 군자와 소인으로 계층을 구분하여 보편적인 인류애를 주장하지 못했다고 했는데, 이런 평가는 옳지 많다. 주자(朱子)가 이것에 대해서 풀이하기를 "배움에 기대지 않고도 안다.(不待學而知也.)"라고 했듯이, 여기에서의 '생(生)'은 단순히 '나면서'라는 뜻에서 태어나면서부터 모든 이치를 깨달은 채로 태어났다는 뜻이 아니라 별다른 가트침이 없이 스스로 궁리를 통해 어떤 이치나 도리를 깨우친다는 뜻으로 봐야 한다.

선생님께서 "옛것을 잘 새겨서 올 것을 알면 선생이 될 만하다."라고
하셨다.
　　(子曰 "溫故而知新, 可以爲師矣."『論語·爲政』)

　　선생님께서 "옛것을 서술하되 새로 짓지 않으며, 옛것을 믿고 좋아하
면 감히 우리 옛 노팽과 비교할 따름이다."라고 하셨다.
　　(子曰 "述而不作, 信而好古, 竊比於我老彭."『論語·述而』)

　　"옛것을 믿고 좋아한다.(信而好古.)"라고 한 것에 대하여 오늘날
이러한 공자의 학문 태도를 부정적으로 보아서 유가가 지나치게
과거지향주의라고 비난하는 이들이 있기도 한다. 이미 지나간 어제
보다는 앞으로 있을 내일을 보려고 하지 않는다는 것이다.

　　이것은 공자의 유가사상이 현실적인 합리주의를 지향하기 때문
인 것이지 단순히 과거에 대한 향수에 빠지기를 바라는 마음에서
그런 것이 아니다. 어제가 없는 오늘이 있을 수 없고, 오늘이 없는
내일이 있을 수 없기 때문이다. 그래서 유가에서는 역사의 진실이
거듭되는 것을 거울삼기 위하여『춘추(春秋)』나『서경(書經)』같은
역사의 기술이나 학습을 중시했던 것이다. 다만 이후 시대에서 유
가가 봉건예교화하면서 과거지향적인 폐단에 빠져버려 고리타분해
진 경향이 있을 따름인데, 이러한 사실을 가지고 확대 해석하는
것은 유가에 대한 정확한 이해가 아니다.

　　공자는 72명의 수제자와 3,000명이나 되는 일반 제자들을 교육
하여 그의 사상을 전파하였다. 공자는 인의 실천을 위해서는 전통
적인 사회규범으로서의 예(禮)라는 형식을 익혀야 하며, 학문 수양
에도 힘쓸 것을 특히 중시했다. 이렇듯 유교적 전통과 학문을 익
히는 것을 통해서 인의 사회성과 객관성을 굳건히 할 수 있다고

여겼던 것이다.

7. 학문과 공부에 대한 그 밖의 말씀

선생님께서 "옛날에 공부하던 이들은 자기만족을 의하여 하였는데, 오늘날 배우는 이들은 남에게 보이기 위해서 한다."라고 하셨다.
(子曰 "古之學者爲己, 今之學者爲人." 『論語・憲問』)

선생님께서 자하에게 이르시기를 "너희는 군자다운 선비가 되어야지 소인다운 선비가 되어서는 안 된다."라고 하셨다.
(子謂子夏曰 "女爲君子儒! 無爲小人儒!" 『論語・雍也』)

선생님께서 "가만히 기억해 내고, 배우기를 싫증내지 않고, 가르치기를 게을리하지 않는 것이 내게 무엇 하나 있느냐?"라고 하셨다.
(子曰 "默而識之, 學而不厭, 誨人不倦, 何有於我哉?" 『論語・述而』)

선생님께서 "세 사람이 길을 가는 데에는 반드시 내 스승이 될 만한 이가 있다. 그 훌륭한 이를 보고는 따를 줄 알고, 그 ス-신보다 못한 이에게는 그것을 고칠 줄 알아야 한다."라고 하셨다.
(子曰 "三人行, 必有我師焉. 擇其善者而從之, 其不善者而改之." 『論語・述而』)

선생님께서 "인을 실천하는 데에는 선생님에게도 양보하지 않는다."라고 하셨다.
(子曰 "當仁, 不讓於師." 『論語・衛靈公』)

선생님께서 "군자는 학문을 두루 배우고, 예로써 단속하면 역시 거스르지 않을 수 있을 것이다."라고 하셨다.
(子曰 "君子博學於文, 約之以禮, 亦可以弗畔矣夫!" 『論語・雍也』)

자하가 이르기를 "널리 배우며 뜻을 돈독히 하고, 절실하게 물으며 가까운 주변을 생각하는 것에 인이 그 가운데에 있다."라고 하셨다.

　　(子夏曰 "博學而篤志, 切問而近思, 仁在其中矣."『論語 · 子張』)

　　선생님께서 "민첩하게 배우기를 좋아하고, 아랫사람에 묻기를 부끄러이 여기지 않으면 이것을 배움[文]이 있다고 할 만하다."라고 하셨다.

　　(子曰 "敏而好學, 不恥下問, 是以謂之文也."『論語 · 公冶長』)

　　선생님께서 "배우되 궁리할 줄 모르면 배우는 것이 없게 되고, 생각만 하고 배우지 않으면 위태하다."라고 하셨다.

　　(子曰 "學而不思則罔, 思而不學則殆."『論語 · 爲政』)

보수와 진보 – 유가의 보수주의와
한비자의 공격

1. 과거를 지향한 공자

일상을 살아가는 우리들은 어떤 일에 닥칠 때마다 어떻게 대처해야 할지를 고심하는 경우가 흔히 있다. 점심 한 끼를 때우려고 중국음식점에 들어가서도 자장면을 먹을지 짬뽕을 먹을지를 고심하다가 정작 자장면을 먹겠다고 해 놓고는 문득 짬뽕이 입맛에 당기니 말이다. 이처럼 별 것 아닌 일에서부터 나라의 앞날을 결정할 중요한 사항에 있어서도 수많은 선택의 기로에서 마음을 다잡지 못하고 헤매는 경우가 흔히 있다. 이렇듯 세상에는 많은 사람이 있는 만큼의 다양한 의견이 있기 마련인 것이다. 이처럼 많은 의견의 가짓수가 생겨난 이유 가운데 하나를 들어 가누어 보라면 그것은 각자마다의 성향으로서 보수와 진보적 성향 때문이라고 할 수 있다.

보수란 '오랜 습관·제도·방법 등을 그대로 지키고자 하는 마음 자세'이고, 진보란 '시대와 환경이 달라진 만큼 제도나 방법, 조직이나 풍습 따위를 바꾸어서 사물의 내용이나 정도가 차츰차츰 나아지게끔 변화시키고자 하는 마음 자세'이다. 보수와 진보라는 말은 우익(右翼)과 좌익(左翼)이라고 불리기도 한다. 대개 좌익 또는 우익이 구분된 유래는 프랑스 대혁명 당시 상대적으로 사회변동에 온건한 지롱드 당이 의회의 오른쪽 부분에, 급진적인 자코뱅 당이 의회의 왼쪽 부분에 위치한 데서 유래한 말인데, 사회의 변동을 추구하는 정치성향을 가진 좌익은 자유보다는 평등을 중시하는 정치 이념을 가지고 있었으며, 일반적으로 사회주의, 공산주의자들이다. 이에 반해서 우익(右翼)은 정치적 성향이 일반적으로 보수적이거나 온건하다.

한때 우리 사회에서 이념 논쟁이 한창일 때 서로 간의 갈등이 몹시도 날카로운 시절이 있었다. 지금까지도 이와 같은 좌우익의 논쟁은 나라의 중요한 시기가 되면 항상 사회의 주요 논쟁거리가 되곤 한다. 그렇다면 과연 우리는 어느 쪽에 서서 판단해야 하는가? 이것에 대한 정답은 따로 있지 않을 것이다. 보수인지 진보인지를 선택하는 것은 순전히 각자의 선택 자유일 것이기 때문이다.

사회학자들의 오랜 관찰에 의하면 보통의 한 집안 형제 가운데에서 형이 동생보다 좀 더 보수적이라고 한다. 그 이유로서 형은 태어나면서부터 경쟁자라고 할 만한 형제가 있지 않았기 때문에 자신의 존재만으로도 집안 어른의 사랑을 독차지할 수 있었는데,

둘째 이후의 동생들은 이미 고정되어 있는 부모의 형에 대한 사랑과 관심을 빼앗아 와야만하므로 좀 더 적극적으로 귀여운 짓을 연출하게 되고, 현실적 상황에 적극적으로 대처하여 바꾸려고 애쓰다 보니 진보적 성향을 갖게 마련이라고 한다.

그렇다면 우리나라 사람들이 모두 형들만 있는 것이 아닌데도, 흔히 국민성을 일컬을 때, 대체로 보수적이라는 평을 듣는데 이것은 무슨 이유일까? 아마도 이것 역시 공자(孔子)의 영향 때문이라고 해야 옳을 듯하다. 앞서 공자를 사상가이며 교육가라고 할 수 있다고 했는데, 이들 칭호에 수식어를 붙이자면 '수구적(守舊的)'인 보수주의 사상가이며 교육가라고 할 수 있다.

공자는 자신이 살았던 춘추시대를 '세상에 올바른 도가 행해지지 못하여 예악(禮樂)이 무너져서 신하가 임금을 시해하고 자식이 아비를 해치는 흉포한 행위가 난무하는 혼란의 때'라고 보았다. 공자는 이렇듯 흉악한 시대를 바로 잡기 위해서는 주례(周禮)를 부흥해야 한다고 했다. 주례의 주요 이념은 종법(宗法)제도에 근거한 등급적인 질서를 다져야 하는 것이며, 그 핵심은 '이름을 바로 잡는다'는 뜻의 정명(正名)이다.

주(周)나라는 왕실의 안정적인 지배를 위해 종법제를 실시했다. 종법제는 왕실의 왕위 계승과 집안에서의 가부장적 사회체제의 확립을 목표로 한다. 적장자(嫡長子)가 아버지의 지위를 이어받아 대종(大宗)이 되고 다른 아들들은 분봉(分封)되어 제후(諸侯)로 봉해졌는데 이것을 소종(小宗)이라 했다. 제후 이하의 경(卿)·대부(大夫)·사(士)도 이와 같은 규정에 따라 각각 대종과 소종으로 나누어졌다. 종법제는 왕실에서 평민에 이르기까지 두루 적용되었다고 하지만, 그것이 얼마나 엄격하게 적용되었는지는 확실하지 않다. 그렇지만 장자가 왕실과 집안의 승계에서 우선이 된다는 기본이념으로 자리매김하여 이후 시대에까지 중대한 영향을 끼쳤다는 평이다.

우리나라에는 삼국시대 초기에 종법이 전래된 이래 종법은 특히 사대부 계층 내에서 족보에 관한 관심이 깊어지면서 일상생활 속에 파고들었다고 한다. 우리나라 역시 종법은 왕실에서부터 일반 백성에 이르는 상하의 신분위계질서를 가부장적 혈연관계로 체계화하여 사회질서를 유지하고자 하는 수단에 이용되었다. 그러므로 예나 지금이나, 중국이나 우리나라에서 장자를 끔찍이 여기는 관념의 시작은 유가의 전래와 함께 시작된 것을 알 수 있다.

한편 이름을 바로잡는다는 의미의 정명(正名) 역시 유가적 보수주의를 말하는 이념이다. 『논어』에서 계강자가 공자에게 정치란 어떤 것인지에 대하여 물으니, 공자는 다음과 같이 대답하였다.

> 정치라는 것은 바로 잡는 것이다. 그대가 바름으로써 이끈다면 누가
> 함부로 바르지 않겠는가?"(政者, 正也. 子帥以正, 孰敢不正?『論語 · 顏淵』)

공자는 정치라는 것을 '바르게 하는 것'이라고 정의하였으니, 참 어찌 보면 너무나도 간단하고도 당연한 말인 것 같은데, 이 역시 그리 간단치 않은 듯하다. 바르다고 하는 것이 단순히 옳다는 의미의 바름이 아니라 모든 일이나 상황이 제자리에 옳게 있어 주어야 한다는 것이다. 이것이 이른바 '이름을 바로 잡는다'는 뜻의 정명(正名)이며, 모든 일에 시작은 자신이 처한 위치에서 그 직분을

바르게 수행하는 것에서부터 비롯된다는 뜻이다. 다만 '정사 정 (政)'자가 '바를 정(正)'자와 회초리를 뜻하는 '칠 복(攵)'자가 합하 여진 만큼 이 글자가 만들어질 당시에는 오늘날의 민주주의 사회 에서는 있을 수 없는 개념이지만, 정치라는 것은 임금이 백성들을 바르게 하기 위해서 매질도 할 수 있다는 생각도 들어 있었다고 할 수 있다.

2. 이름을 바르게 하는 것이 보수의 시작

공자의 유가사상은 모든 것의 시작이 자기로부터 시작한다는 의 식이 강하며, 정치를 하는 행위는 이처럼 올바르도록 일깨운다는 뜻인 만큼 임금의 백성에 대한 교화(敎化)적인 의미가 강하다고 하 겠다. '군사부일체(君師父一體)'라는 말이 있듯이 교화의 교(敎)자 가 주역(周易)의 육효(六爻) 혹은 고대 신전이나 학교의 표식을 하 는 ×자 형식의 나무라는 뜻인 효(爻), 아들 자(子), 칠 복(攵)자가 합해져 있듯이 가르친다는 것은 어디까지나 공부하는 아이를 때려 서 옳게 이끈다는 것이니, 정치란 역시 임금이 마치 아비나 스승 처럼 백성을 일깨워 옳은 데로 나아가는 행위라고 본 것이다.

그런데 정치적인 교화의 시작은 자신과 가정에서 시작되듯이 임 금은 마치 아비처럼 백성은 마치 자식처럼 지니며, 구체적으로는 사람 또는 사물이 제 이름을 가지듯이 그 이름에 걸맞게 되도록 한다면 그것이 바로 정치 행위의 전부라고도 말할 만하다고 한 것이다. 그러므로 본디 그러한 이름을 가진 원래의 이치대로 삶을 지켜 나아가는 것을 중시한 것임을 알 수 있다.

그리하여 공자는 자로(子路)가 위(衛)나라 임금이 공자를 모셔 정사를 하게 하면, 선생님께서는 무엇을 가장 먼저 하시겠냐고 물었을 때, 공자는 다음과 같이 대답하였다. "반드시 이름을 바로 잡겠다. …이름이 바르지 못하면 말이 이치에 따르지 못하며, 말이 이치에 따르지 못하면 일이 이루어지지 않는다.(必也正名乎! …名不正, 則言不順, 言不順, 則事不成.『論語・子路』)"라고 하였다. 여기에서 공자는 이름을 바르게 하는 것이 정치의 큰 줄기라고 하였던 것인데, 「안연(顔淵)」편에서도 제경공(齊景公)이 공자에게 정치하는 것에 대하여 묻자 공자는 대답하기를, "임금은 임금답고, 신하는 신하답고, 아비는 아비답고, 자식은 자식다운 것(君君, 臣臣, 父父, 子子.)"이 바로 정치라고 하였듯이, 사회 구성원 간 각자의 본문을 다함으로써 바람직한 정치의 이상을 이룬다고 한 것이니, 이 역시 가정이나 사회 속에서 각자의 본분을 제대로 수행하는 것이야말로 진정한 정치의 실천이라는 것을 거듭 밝힌 것이기도 하다. 즉 이름을 바르게 한다는 것은 농경문화 전통 속에서 집단 안에서 각자의 직분과 원만한 관계를 유지시키는 것이 중요하다고 한 만큼 명실상부(名實相符), 즉 이름과 실질이 서로 걸맞도록 하는 것이 바로 정명이다. 그러므로 이름을 바르게 한다고 할때, 흔히 이름을 명분(名分)이라고 하는데, 명분(名分)은 흔히 이유나 당위성과 같은 의미로 쓰이지만, 불린다는 뜻의 명(名)과 나누어진 것이라는 뜻의 분(分)이 합하여 지어진 말로서 분(分)이란 사회에서 각자가 나누어 가지게 되는 직위나 할 일이라는 의미로 이해할 수 있다. 이것은 곧 사회 속에서의 정연한 질서의식을 말한 예(禮)와도 다르지 않은 개념이라고 할 수 있다.

공자는 「팔일(八佾)」편에서 "주나라는 하(夏)와 은(殷)대를 본받 았으므로 문물제도가 빛났다. 나는 주를 따르겠다.(周監於二代, 郁 郁乎文哉! 吾從周.)"라고 하였듯이, 공자는 춘추시대의 예악이 이 미 붕괴하여 세상에 도(道)가 무너졌으며, 새로이 등장하는 질서에 대해서는 부정적이었다. 이러한 정치적인 입장을 견지하면서도 공 자는 「양화(陽化)」편에서 "예라고 하는 것이 옥이나 비단만을 일 컫는 것이겠느냐? 악이라고 하는 것이 종이나 북만을 말하는 것이 겠느냐?(禮云禮云, 玉帛云乎哉? 樂云樂云, 鐘鼓云乎哉?)"라고 하 였듯이, 옥백(玉帛)이나 종고(鐘鼓) 같은 것은 예악(禮樂)의 형식에 불과한 것이며, 공자가 정작 중시한 것은 예악의 실질이라고 말했 던 것이다. 이것으로 공자의 실증적인 정신을 알 수도 있지만, 그 렇다고 해서 공자가 당시 지배층의 권익을 반대하고 평민들에게 실질적인 권익을 주고자 했던 것은 아니다. 공자의 기본적인 의도 는 당시 혼란스러운 현실사회를 지켜내고자 하는 수구(守舊)적인 보수적 성향을 정치적 이념으로 삼았던 것이다.

이밖에도 『논어』에는 공자의 수구적인 정치사상이나 역사의식을 알 수 있는 말들이 많이 있다.

"옛것을 잘 음미하여 새것을 알게 되면, 스승이 될 수 있다." (溫故而知新, 可以爲師矣.『論語·爲政』)

"전술하기만 하고, 창작하지 않으며, 옛것을 믿고 좋아함을 내가 함부로 우리 노팽(老彭)에게 견주느니라"

(述而不作, 信而好古, 竊比於我老彭. 『論語·述而』)

　　"나는 나면서부터 아는 자가 아니라 옛것을 좋아하여 그것을 재빠르게 추구하는 자이다."(我非生而知之者, 好古, 敏以求之者也. 『論語·述而』)

　　공자는 이렇듯 '옛것[古]'에 남다른 애착을 보였다. '고(古)'는 '열 십(十)'자와 '입 구(口)'자가 합쳐진 말로서 열 명이나 되는 사람의 입이란 뜻이다. 여기에서 '십(十)'은 많다는 의미이니, 본디 古(고)자는 많은 사람의 입으로 전해지는 것이라는 의미이다. 그러므로 여기에서도 흔히 오늘날 우리들은 옛것[古]에 대해서 단순히 오래된 것, 고리타분한 것, 개혁해야 할 것 등의 인상을 가지고 있는 것이 사실인데, 이 글자의 뜻대로 본다면 많은 사람들의 입을 통해서 오랜 시간에 걸쳐서 전해진 것으로 이미 그 나름의 생명력이 인정된 것이란 뜻이니, 그만큼 가치가 있다는 뜻이 된다. 이것에서 공자가 옛것에 대해 어떠한 생각을 가지고 있었는지 알 수 있다. 그러므로 '고(古)'는 버릴 것이 아니라 앞으로도 줄곧 불리고 익혀야 할 것이라는 의미이다. 이러한 공자의 영향을 말미암아 중국인들은 실제로 미래보다는 지난날을 돌이키는 것에 훨씬 익숙하다. 그래서 오늘날 우리들은 그네들이 너무 과거 지향적이라고 해서 비난하기도 하는데, 공자가 과거에만 빠져 헤어 나오지 못했던 것만이 아니라, 옛것을 잘 되새겨 새로이 올 것을 안다는 의미의 '온고지신(溫故知新)'이나 '계왕개래(繼往開來)'라는 말에서도 알 수 있듯이, 공자의 본디 생각은 지난 일을 잘 계승하여 올 것을 연다는 의미를 놓쳐는 안 된다. 온고(溫故)와 계왕(繼往)은 옛것과 지난 것을 단순한 호기심으로 알고 싶어서가 아니라 새로운 것을 알기 위한 '지신(知新)'과 앞날을 새로이 연다는 의미에서 '개래(開來)'를 위한 바탕인 것이다. 그런데 이후 사람들이 너무 옛것에만 집중하여 공자를 수구적이라고 한 데에도 오해의 소지가 없지는 않다.

3. 공자의 보수주의를 공격한 한비자(韓非子)의 진보사상

한비자(韓非子: ?~BC 233)는 전국시대(戰國時代) 말기 법가 사상가로서 진왕(秦王) 정(政)도 그의 법가 이론에 깊은 감명을 받아 정책에 채택하였던 만큼 한비자의 이론은 실로 제자백가의 여러 사상을 법가로 집대성했다고 할 만하다. 한비자(韓非子)에 의해서 집대성된 법가(法家)는 전국시대를 마감한 중국 최초의 통일국가인 진(秦)나라의 이념적인 토대가 된 사상이다.

법가는 순자(荀子)의 성악론(性惡論)을 계승하여, 신상필벌(信賞必罰)의 질서 있는 정치와, 오로지 엄중한 형법(刑法)에 의거하여 모든 정책은 강력한 군주와 국가로부터 나와야 한다고 하여 가혹한 정책을 실시하였고, 심지어는 가족 간의 인정까지 저버릴 것을 주장하기도 했다. 이렇듯 한비자의 법가는 오랜 전쟁으로 시름하던 춘추(春秋)와 전국시대(戰國時代)를 종식시키는 이념으로 무장하였는데, 그 근간에는 진보적인 역사의식을 바탕으로 삼고 있었다.

진시황(秦始皇)은 통일 이전에 한비자가 지은 「고분(孤憤)」과 「오두(五蠹)」편의 글을 보고는, "아하, 과인이 이 사람과 함께 어울릴 수 있다면, 죽어도 한이 없겠다.(嗟乎, 寡人得見此人與之遊, 死不恨矣.)"라고 할 만큼, 한비자의 글을 읽고 이처럼 한비자를 높이 평가했다.

한비자는 한(韓)나라가 자기와 같은 인재를 제대로 등용치 않으며, 당시 유가의 인사들이 크게 인정을 받아 중책을 맡는 것 등에 불만을 품고, 정치제도란 반드시 시대와 역사적 상황과 함께 변화되어야 하며, 유가처럼 과거의 낡은 전적의 제도에 집착해서는 안 된다는 진보적 역사의식을 주장했다. 어떤 사회의 사람들의 풍습이나 제도는 도덕적 가치가 아니라 그 사회의 경제적 여건에 의해 변화하며, 정치제도 역시 당연히 이것에 따라 조정되어야 한다는 것이다. 예(禮)를 중시한 유가(儒家)인 순자에게서 배웠지만, 이 예에다가 강제적인 제재(制裁)수단으로서 신불해(申不害)나 상앙(商鞅)의 형명(刑名)과 법술(法術) 사상을 결합하여 법의 개념을 한층 발전시켰다고 할 수 있다.

한비자는 유자(儒者)들이 그들 전적(典籍)을 가지고 새로운 시대의 사회 질서를 문란케 하고, 유협(遊俠)의 무리들이 무력으로 나라의 법을 어지럽힌다고 생각했다. 역사의 진보를 믿었기에 유가사상이 과거의 제도나 예법 등에만 얽매여 있다고 보고 새로운 시대의 이념이 될 수 있는 법가사상을 집대성하였던 것이다.

절대적인 가치이념으로서 하늘에 도(道)와 명(命)이 있다고 한 유가나 세상을 고르게 사랑하라는 것이 하늘의 뜻이라고 한 묵가(墨家)는 이상주의자들이라고 한비자는 반대했다. 오로지 인간의 세상은 이익을 추구하는 욕구의 관계가 주도한다고 여기며, 도덕보다는 법이 절대적인 우위라고 했다. 그러므로 유가(儒家)와 묵가(墨家)들의 덕치(德治)는 마치 수주대토(守株待兔)하는 농부와 마찬가지로 어리석은 것이며, 못난 아들은 아무리 꾸짖어도 그의 잘못을 고칠 줄 모르는 것처럼, 관리는 새로운 시대에 걸맞은 법을 가지고 세상의 악한 현상이나 행실을 바로 잡아야 한다는 것이다.

그래서 한비자는 유가에서 말하는 선왕(先王)의 오래된 옛 법도가 아닌 지금 이 시대에 사는 백성들에 적용할 적절한 법이 시행되어야 한다고 했다. 여기에다가 신분 귀천의 차별이 역시 있어서는 안 된다고 했다. 이것은 유가가 '선왕의 그늘'에서 자신들의 이념 가치를 주장해 왔던 것에 비하여 선왕에 대한 전설을 타파하고 당시 유행하는 언어를 써서 당시 시대 상황에 어울리는 시대 가치 기준을 세워야 한다고 한 점에서 매우 진보적이라고 할 수 있다.

한비자는 인의(仁義)와 지능은 믿기 부족하며 오로지 법으로써만이 통치의 수단으로 삼아야 한다고 했다. 보수적인 유가에서는 덕이 있는 왕만이 세상을 다스릴 수 있으며, 덕이 없는 왕은 그 지위를 잃게 된다고 했다. 그러나 한비자는 통치자의 도덕적 품성이 어떻든 또 그가 어떻게 다스리든 상관없이 권력을 가졌다는 것은 이에 대한 절대 복종을 요구할 권리도 가지고 있는 것이라고 했다. 신하가 군주에게 복종하며, 아들이 아비에게 복종하는 것은 절대 불변의 가치기준으로서 군주가 비록 그 역할을 제대로 하지 못해도 신하는 군주의 자리를 감히 넘보아서는 안 되며, 정치적인 의무는 다른 모든 의무보다 우선되어야 한다고 했다. 어떤 병졸이 죽음이 두려워서 싸움터에서 도망치는 것을 보고 효자(孝子)는 그 군주를 배반하는 신하가 될 수 있다고 평했듯이, 유가에서 충(忠)

과 효(孝)를 강조하여 그 둘을 모두 잘 실행할 것을 요구하지만 한비자는 충과 효를 모두 실현하는 것은 불가능하다는 현실적인 안목을 가지고 있었다.

한편, 한비자는 재미있는 우언(寓言)의 형식을 빌어서 자신의 진보적인 정치주장을 세상에 알리려고 했다.

> 송나라에 밭을 가는 이가 있었다. 밭에 나무 그루터기가 있었는데, 토끼가 달려와 그루터기에 부딪쳐서는 목이 부러져 죽었다. 그리하여 그 쟁기를 내던지고 나무 그루터기를 지키며 토끼를 다시 잡기를 바랬지만, 토끼를 더 잡을 수는 없었다. 그래서 그 자신이 송나라의 웃음거리가 되었다. 오늘날 선왕의 정치로 지금 세상을 다스리려 하는데, 모두 그루터기를 지키는 무리이다.(宋人有耕田者, 田中有株, 兔走觸株, 折頸而死, 因釋其耒而守株, 冀復得兔, 兔不可復得, 而身爲宋國笑. 今欲以先王之政, 治當世之民, 皆守株之類也.『韓非子·五蠹』)

이 이야기는 어리석어 융통성이 없는 사람을 비유하여 말한 것으로 너무나도 잘 알려진 것이다. 그런데 본래 한비자가 말하려던 것은, 오늘날 왕들이 옛 성인들의 통치 법도에만 의거하여 달라진 시대 상황에도 대입하여 다스리려 하는 것은 역시 수주대토(守株待兔)의 어리석은 농부와 다를 것이 없으니, 세상의 웃음거리가 되는 것은 당연하다는 것이다.

유가(儒家)에서 성군(聖君)으로 일컫는 요순(堯舜)이나 우왕(禹王) 같은 이들이 그 옛날에 아무리 정치를 잘하여 이상사회를 실현하였다고 하지만 그것은 어디까지나 이미 지나버린 시대의 일인데도, 사람들은 오늘날까지도 그것에 얽매어 있으니 역시 웃음거리가 될 만하다는 것이다.

또 어쩌다가 바보 같은 토끼가 달려와 그루터기에 부딪쳐서 죽은 일은 아주 드문 현상인데, 이것은 세상에 매우 드물게 타고나면서부터 어진 본성을 가진 사람이 한 두 사람 있다고 해서 이것을 보고는 세상 사람들이 모두 선한 본성을 가진 것처럼 말하여서는 안 된다는 것을 암시하기도 한다.

마찬가지로 아주 먼 옛날 원시인들이 나무를 비벼 불을 만들어 맛나게 고기를 구워먹거나, 나무 위에 집을 짓고서는 짐승들의 침입을 막을 수 있어서 행복해 하던 때가 있었지만, 이미 시대가 발전하여 더 새롭고 좋은 방법이 나왔는데도 그 옛날의 방법을 고집한다면 역시 비웃음의 대상이 될 것이라는 말이다.

옛날부터 내려오는 전통적인 유가의 문물이나 예법 등에 대해서는 무조건적인 믿음을 가지고 있으면서 바뀐 새 시대의 가치관에 대해서는 알아보려 하지도 않는다면, 결국 시대가 같지 않으면 현실사회에서 일어나는 현상 역시 같지 않으니 그 해결 방법 역시 달라져야 하며, 그 방법의 탐구는 가까운 주위 현실로부터 찾아야 할 것이지 다른 데 멀리 있는 것이 아니라는 것이다.

한비자는 수주대토와 같은 취지에서 정(鄭)나라 사람 가운데 신발을 사려고 하는 사나이의 예를 들어서 다음과 같은 이야기를 하였다.

정나라 사람 가운데 신발을 사려고 하는 이가 있었다. 먼저 그 발을 재고는 그것을 자리 옆에 두었다가 시장에 가려했는데 그것을 가지고 가는 것을 잊었다. 이미 신발을 받아들고는 "나는 재어 놓은 것을 잊었네." 라고 말하였다. 돌아와 그것을 가지고, 이르러 보니, 시장이 문을 닫아서 결국 신발을 사지 못했다. 사람이 말하기를, "어째서 발로 재보지 않느냐?"라고 하자, "차라리 잰 것을 믿을지라도, 내 자신을 믿지 못하겠다."
라고 하였다.

("鄭人有欲買履者, 先自度其足而置之其坐, 至之市而忘操之. 已得履,
乃曰: "吾忘持度." 反歸取之. 及反, 市罷, 遂不得履. 人曰: "何不試之以
足?" 曰: "寧信度, 無自信也."『韓非子 · 外儲說左上』)

　　이 이야기는 마치 도끼 자루를 쥐고 도끼 자루를 깎아 만드는데
무엇을 표준으로 삼아야 하는가를 고민하는 것과 같은 상황이다.
자신의 가까이에서 본받을 만한 법도와 기준을 취할 수 있는데,
사람들은 애써 먼데서 그것을 찾으려 하니 일을 수고롭게 하는 어
리석음을 범한다는 것이다.

　　법가는 춘추전국시대의 여러 사상을 집대성했으면서도, 대체로
유가(儒家)와 대립하며 발달하였다고 할 수 있다. 전국시대에는 전
제적(專制的) 지배를 지향한 진(秦) 효공(孝公)에게 채택되어 진나
라가 부국강병의 길로 나아가는 기틀을 마련했고, 이후 진(秦)이
중국 최초의 통일 제국을 세우는 데에도 사상적인 밑거름이 되게
하였으며, 한(漢)나라가 유가(儒家)를 국시(國是)로 삼았지만, 제국
의 직접적인 통치에 법가사상은 중요한 역할을 담당하기도 하였다.
『한서 · 예문지(漢書 · 藝文志)』에 의하면, 법가사상이 신상필벌(信
賞必罰)의 질서 있는 정치를 주장한 장점이 있고, 오로지 형법(刑
法)에 의거하여서 가족 간의 사랑까지도 저버린 것이 단점이라는
평도 있듯이, 법가는 나라의 공리적인 현실정치 방면에만 치우쳐
인간의 정서적인 측면을 무시했다고 할 수 있다. 어쨌거나 이러한
법가사상은 청(淸)대에 이르기까지 유가와 더불어 중국의 봉건왕조
질서를 유지하는 커다란 줄기였다고 할 수 있다.

제6강

요순(堯舜)시절은 유토피아인가?

1. 요·순·우(堯舜禹)는 실제로 존재하였나?

우리들은 흔히 이상사회를 일컬을 때 요순(堯舜)시절이라고 말하곤 한다. 이상사회, 즉 유토피아란 '존재하지 않는 곳'이라는 뜻인데, 여기에서 요순시절이란 요임금과 순임금이 다스리던 시절이라는 뜻으로 '태평성대(太平聖代)'를 비유하여 이르는 말이다. 요순과 더불어서 유가(儒家)에서 성군(聖君)으로 존숭하는 이로는 하(夏)나라의 시조로 알려진 우(禹)왕, 상(商)나라를 세운 탕(湯)왕, 그리고 주(周)나라를 연 주(周) 문왕(文王) 무왕(武三) 그리고 주공(周公) 단(旦)이 흔히 일컬어진다. 요순은 서기전 25세기 전쯤의 인물로서 다른 성군들에 비해서 시기적으로 현재 검증할 수 없기도 하고 특히 신화나 전설의 기록에 보이는 것처럼 약간은 신격화 되어서 이상사회의 전형처럼 알려져 있다.

요임금과 순임금은 언제 존재했던 것일까? 그들의 시대는 정말 이상적인 유토피아였던가? 그들의 존재에 대하여 전설처럼 내려오는 이야기가 많이 있지만, 역사서 가운데 믿을 만한 중국 최초의 정사(正史)로 인정받고 있는 사마천(司馬遷)의 『사기(史記)』와 『상서(尙書)』에 나타난 요순에 관한 기록과 함께 그들과 연계되어 있는 우(禹)의 이야기를 중심으로 그들 시대의 사회 모습을 알아보도록 하자. 이들 기록에 의하여 정리하여 보자면 대략 다음과 같다.

　　요(堯)는 희중(羲仲)·희숙(羲叔)·화중(和仲)·화숙(和叔)에게 명하여 사방의 천문(天文)과 역수(曆數)를 정하게 하자, 세상이 크게 잘 다스려졌다고 한다. 마침내 제위(帝位)의 계승자로 누가 좋을지를 신하에게 묻자, 신하 가운데에는 요의 아들인 단주(丹朱)를 추천하는 자가 있었지만, 요는 자신의 아들이 부족하다고 여겨 받아들이지 않았다. 그래서 시험 삼아 곤(鯀)이라는 자를 임용하여 당시 세상에 난무하던 홍수를 다스리게 시켰지만, 곤은 실패하였다. 그리고는 신분이 낮은 평민출신인 순(舜)을 임명하게 되었는데, 순은 자신의 재능을 한껏 발휘하였으므로 결국 요는 순에게 제위를 선양(禪讓)하였고, 세상이 잘 다스려지게 되었다. 요는 자리에서 물러난 이후 28년만에 죽었다.

　　순(舜)은 오제(五帝) 가운데 하나인 전욱(顓頊)의 6세손이라고 한다. 순의 아비는 맹인이고, 어미가 죽은 뒤 계모가 동생 상(象)을 낳았다. 부모와 동생은 모두 순을 미워해서 여러 가지 방법으로 순을 죽이려고 하였지만, 순은 그때마다 지혜를 발휘하여 어려움을 모면하였고, 부모에 대한 효성과 공손한 마음을 바꾸지 않았다. 20세 때에는 효성스럽다고 세상에 이름이 나고, 30세 때에는 사악(四嶽)이 그를 요임금에게 추천하였다. 요는 두 딸 아황(娥皇)과 여영(女英)을 그에게 시집보내고 등용하자, 곧 순의 치적이 드러났다. 요가 죽은 다음 요의 아들 단주(丹朱)보다는 세상 사람들의 인심이 순에게로 쏠리자 마침내 순이 제위에 오르게 되었다. 순이 죽은 다음, 순에게는 상균(商均)이라는 아들이 있었지만, 세상 사람들은 홍수를 잘 다스렸던 우(禹)에게로 마음이 몰려서 우가 제위를 물려받아 하(夏)왕조를 열었다.

우(禹)는 중국 최초의 왕조인 하(夏)나라의 시조로서 문명(文命)이라고도 불린다. 아버지인 곤(鯀)이 요순의 시절에 일어난 대홍수를 9년 동안 다스렸으나 아무 실적이 없이 실패하자 아버지를 이어서 사공(司空)에 임명되어 홍수를 다스렸는데, 이때 몸을 돌보지 않고 결심히 일하느라 13년 동안 집 앞을 3번이나 지나는 일이 있었는데도 들어가지 않았다고 한다. 우가 죽자 그의 신하들이 그의 아들 계(啓)를 받들어서 왕으로 삼자, 이전까지 있었던 선양에 의한 왕위계승의 전통이 끊어지고 중국 최초의 세습왕조가 나타났다.

이들 요·순·우의 이야기에는 후세 사람들에 의해서 덧붙여진 부분이 많은 만큼 그들이 실재하였는지조차도 의심스러운데, 이후 시대에 이들을 성천자(聖天子)로 미화하여 일컬었다. 그렇게 된 까닭은 요·순·우로 이어지면서 제위 선양(禪讓)의 모범을 보였기 때문이었다. 제위 선양이란 봉건시대 전제정치에서처럼 왕이 자신의 자손에게 왕위를 물려주는 것이 아니라 가족이 아니더라도 능력이 있는 순이나 우 같은 현인(賢人)에 자리를 넘겨주는 것을 말한다. 즉 평화적인 왕권의 교체라고 할 수 있다. 그리고 그러한 선양의 이면에는 임금과 신하 사이에 의론(議論)을 중시하고 현인을 존중하려는 의식이 있었기 때문인데, 이것이 이후 중국 군주정치의 이상을 보여주었던 것이며, 요는 순과 더불어서 오래도록 제왕의 모범이 되었다는 평가를 받는다.

여기에 소개한 요·순·우(堯舜禹)의 이야기는 대체로 유가(儒家)의 경전인 『상서(尙書)』와 중국 정사의 첫 번째 저작인 『사기

(史記)』에 나오는 내용을 간략히 요약한 것이다. 그러므로 이들 이야기 이외에도 신화 전설처럼 전해져 오는 신기한 이야기는 셀 수도 없이 많이 전해지고 있다. 그렇다면 『상서』와 『사기』에 전해져 오는 기록들은 정말 믿을 수 있는 것일까? 실제로 이들 정사에 나온다는 이야기도 온전히 믿을 수는 없다.

우선 우왕이 세웠다는 하(夏)나라가 실재하였다는 시기는 서기전 22세기쯤이라고 한다. 그러므로 요와 순이 재위하던 시기는 서기전 23세기 혹은 24세기에 해당된다. 얼핏 따져보아도 기원전 약 2,000여 년 전쯤의 역사라고 보는 것이다. 그렇다면 이 시기 중국에 왕조가 성립하여 존재한 시기라고 할 수 있을까? 이때 중국에 국가가 성립되어 있던 때였을까?

국가라는 개념이 중국인들은 그들의 한자인 '나라 국(國)'자에 잘 나타나 있다. '나라 國(국)'자는 '囗(영토) + 戈(무력) + 口(사람)'이 조합되어 만들어진 것처럼, 나라, 즉 국(國)이란 일정규모의 영토에 사람들이 살고 있되 그들을 지켜낼 수 있는 무력이 갖추어진 단위가 바로 나라라고 한 것이다. 오늘날의 '나라' 개념으로 보더라도 일정한 영토와 그곳에 사는 일정한 주민들로 이루어져, 주권에 의한 통치 조직을 지니고 있는 사회 집단을 말하는 것과 크게 다르지 않다. 서기전 2000년 전에 이와 같은 근대적인 의미의 국가가 아니더라도 정치집단이라고 할 만한 사회의 정치조직 혹은 정치체제가 중국에 존재했을까?

당연히 근대적인 국가체제는 물론이고 체계적인 정치집단이라고 할 만한 조직까지도 존재했는지 의심의 여지가 많다. 왜냐하면 흔히 고대 국가의 성립은 최소한 청동기시대에 들어서야만 가능하다고 보기 때문이다. 고고학적 연구에 의하면 중국에는 대개 서기전 15세기쯤에나 청동기시대가 시작된다고 본다. 즉 요·순·우 이래로 최소한 500년의 세월이 지난 다음에야 중국에는 국가다운 모양새를 갖춘 국가가 성립되기 시작했다는 뜻이며, 요·순·우의 시대는 결국 신석기시대를 벗어나지 못하던 때인데 애써서 '국가'였다고 할 수는 없다는 것이다.

그러므로 20세기 초에 은허(殷墟)라는 유적지에서 갑골문자(甲骨文字)와 은대의 청동기 유물이 발견되면서 은 왕조의 실체가 존재했었다는 것이 증명된 이래 중국에서는 은대 이전에 존재했다고 기록에 보이는 하(夏)나라의 실체를 증명해 보이기 위해서 많은 발굴을 시도하였지만, 하나라의 역사적 실체는 발견할 수 없었다. 그 이유는 그 시대가 객관적으로도 존재를 증명하기 곤란한 신석기시대였기 때문이다.

다시 말해서 국가가 있고 왕(王)이라고 하는 존재가 엄연히 나라의 우두머리로 존재하기 위해서는 그 왕이 최소한 청동기로 만들어진 칼이나 도끼 혹은 왕권을 상징할 만한 청동거울 하나쯤은 가지고 있어야 된다는 말이다. 신석기시대에도 고대 중국인들의 조상이 무리를 지어서 생활을 하기는 하였을 터이지만, 아무래도 그들 무리의 우두머리가 돌도끼나 돌칼을 들고 왕이라고 폼을 잴 수는 없는 노릇이 아닌가 싶다. 그러므로 요·순·우의 평화적인 왕권 교체와 관련한 역사이야기는 대개가 거짓이며, 그와 같은 사실이 실재했더라도 너무나도 과장된 채로 우리에게 알려져 내려왔다는 것에 주의할 필요가 있다.

게다가 위의 이야기에서 나온 대로 요·순·우에게 이어지는 선양의 전통이 그리도 자연스레 이어졌다고 볼 수 있을까? 아마도 아닐 것이다. 일찍이 순자(荀子)도 그의 책에서 요·순·우의 선양이 사실이 아니라고 하였고, 전설과도 같아서 믿을 만하지 못하다고 했으며, 한비자도 순은 요를 핍박하여서 자리를 빼앗았고, 우 역시 순을 핍박하여서 자리를 빼앗았는데도 세상 사람들은 그들이 선양(禪讓)하였다고 하는데 이것은 잘못된 것이라고 했다. 이처럼 후대가 아닌 전국시대 당시 비교적 합리적이며 객관적인 이념을 추구한 사상가로 알려진 순자나 한비자도 지적했던 것처럼, 그들 시대에 평화로운 선양은 이루지지 않았을 것이라고 보아야 한다.

설령 요·순·우라는 인물이 그 시대에 존재했다고 하더라도, 그들은 아마도 신석기시대 당시 각각 부족집단의 추장(酋長) 정도의 우두머리였을 가능성이 높다. 그러므로 그들 간에 이루어졌다는 제위의 선양은 힘의 논리에 의한 권력의 이동을 마치 국가의 왕이나 되는 신분의 인물이 훌륭한 능력을 가지고 있는 이에게 자연스레 옮겨주는 모양새로 그려졌을 뿐이었을 것이다. 요에서 순으로 순에서 우로, 그러다가 우에 이르러서 권력이 집중되고 그제야 자신의 자손에게 세습하게 될 수 있을 만큼의 권력이 집중되는 상황이 성숙되었을 것이다.

신석기시대에 자리의 선양은 훗날 일컬어진 것처럼, 그다지 이상적이거나 평화롭지 못했을 것이다. 당시는 혈연중심의 씨족들이 모여서 한 마을을 이루고 빈부나 부귀의 차별이 거의 없이 비교적 차별 없는 평등의 시대였을 가능성이 높다. 왜냐하면 신석기시대였기 때문이다.

어째서 무슨 근거로 그렇게 상상의 나래를 펴는지 의아해 할 수도 있을 것이다. 그것은 '임금 王(왕)'자를 보면 쉽게 짐작할 수 있다. 왕이란 흔히 석 삼(三)자와 세로획이 붙여져서 이루어진 것처럼 해석하는 경우가 많다. 즉 하늘·인간·땅의 3재(才)를 관통하는 이가 바로 왕이라고 해석하곤 한다. 아주 그럴듯하다. 왕은 하늘의 아들로서 하늘의 도리인 천도(天道)를 세상에 펴는 이로서 인간세상과 교통하는 유일한 존재로서 '하늘의 아들' 곧 천자(天子)라고 부르는 만큼 석 삼자에 세로획은 왕의 뜻을 풀이한 것으로는 그야말로 꼭 맞춘 듯싶다.

그렇지만 이것 역시 한대(漢代) 이후 지어진 잘못된 해석이다. 왕은 하늘의 아들로서 신성시 되어야 한다는 이념을 강조하다 보니 그렇게 풀었을 뿐이다. 이후 제국의 시대에 왕 된 자가 그러한 성격을 띠고 있었는지는 모르겠으나, 왕(王)자가 만들어지던 때인 은(殷)대 한자의 원형인 갑골문자를 보면 왕(王)자는 '도끼'라는 의미로 그려졌을 뿐이다. 왕(王)자의 주요 요소인 공(工)자는 '노동자' 또는 '꾸미다'의 뜻도 갖는다. 즉 도끼날인 '공(工)'자 중간에 자루가 끼어 있는 형태를 그렸을 뿐으로 왕이란 결국 힘이 강한 권력자라는 의미에서 왕(王)이라고 불렸을 뿐이지 이후 시대처럼 그럴듯한 이념이 담겨 있던 말이 아니다.

이러한 상황으로 보아서 앞에서 이미 밝힌 대로 요임금은 신하들이 아들 단주를 자신의 후계자로 추천한 것도 물리치고 순과 같이 평민출신의 현인(賢人)에게 자리를 선양했다고 하는 것이나, 순이 그다지도 혹독한 계모와 이복동생의 시기와 위협 속에서도 효제(孝悌)의 마음을 잃지 않았다거나, 우 역시 앞서 요가 순에게, 순이 자신에게 선양하였던 것이라고 하며, 우 자신의 의지와는 관계없이 신하들이 억지로 자신의 아들을 제위에 올리면서 어쩔 수 없이 부자세습의 왕조국가 체제가 이루어졌다고 하는데, 여기에도 역시 아들을 빌미로 인위적인 윤색이 섞여 왜곡되어 전해졌을 가능성이 높다.

신석기시대에 그 어떤 추장도 너그러운 마음으로 인의(仁義)를 실천하는 우두머리는 매우 드물었을 것이며, 모르긴 몰라도 지금보다도 더욱 치열하게 생존 경쟁하던 때였을 것이다. 이러한 정황은 은대 지어진 갑골문자의 글자들을 풀어보면 남아 있는 글자들 가운데 전쟁과 관련한 글자가 유난히 많다는 것만 보아도 당시 얼마나 전쟁이 난무하던 때였는가를 짐작할 수 있다.

2. 요순시절의 새로운 역사 해석

중국인들은 과장이 심하다고들 한다. 특히 역사방면에서 중국인들은 자기중심적이다 못해 왜곡하는 경우가 흔하다고 한다. 중국이 역사의 시대로 들어서려는 즈음인 요·순·우의 시대에 대한 평가 역시 그렇다. 요·순·우를 신성시하기 시작한 이는 단연 공자라고 할 수 있다. 『논어』에는 요·순·우의 행적에 대한 행적과 이에 대한 평가가 자주 보인다.

> 자공이 말하기를, "만일 백성들에게 은혜를 베풀어서 많은 이를 구제한다면 어떠합니까?"라고 하자, 공자는 "어찌 인을 일삼는 것만이겠느냐? 반드시 성인일 것이다. 요순임금께서도 이것에는 부족하다고 느끼셨다."

라고 하였다.(子貢曰: "如有博施於民而能濟衆, 何如? 可謂仁乎?" 子曰: "何事於仁! 必也聖乎! 堯・舜其猶病諸!「雍也」)

공자가 이르기를 "크도다. 순임금과 우임금은 천하를 가지고도 그것에 관여하지 않으셨다!"라고 하였다.(子曰: "巍巍乎, 舜・禹之有天下也而不與焉!"「泰伯」)

공자가 이르기를, "위대하구나, 요의 임금 됨이여! 크구나, 오로지 하늘이 가장 크되 요임금이 이를 본받았네. 넓고도 넓어 백성들이 무어라 이름 부르지도 못하네. 높고 높은 그 공을 이룸이여, 찬란한 그 문장이여!"라고 하였다.(子曰: "大哉堯之爲君也! 巍巍乎! 唯天爲大, 唯堯則之. 蕩蕩乎, 民無能名焉. 巍巍乎其有成功也, 煥乎其有文章!"「泰伯」)

공자가 이르기를, "우임금에 대해서는 내가 비난할 것이 없다. 평소 음식은 간략히 하시면서 제사 지내는 데에는 정성을 다하시었다. …"라고 하였다.(子曰: "禹, 吾無間然矣. 菲飮食而致孝乎鬼神, …"「泰伯」)

공자가 이르기를, "몸을 닦아 백성을 편안하게 하는 것이다. 몸을 닦아 백성을 편안하게 하는 것은 요순임금도 오히려 부족하게 여기셨다."라고 하였다.(曰: "修己以安百姓. 修己以安百姓, 堯・舜其猶病諸."「憲問」)

요임금이 말씀하시기를, "아! 너 순(舜)아, 하늘의 역수(曆數)가 네 몸에 있으니, 진실로 그 중심을 잡도록 하라. 세상이 곤궁해지면 하늘의 녹이 끊길 것이다."라고 하였다. 순임금도 이것을 우임금에 명하였다.(堯曰: "咨! 爾舜! 天之曆數在爾躬, 允執其中. 四海困窮, 天祿永終." 舜亦以命禹.「堯曰」)

이처럼 『논어』에만도 요・순・우를 칭송하는 내용은 더 이상 지나칠 수 없을 정도이다. 과연 공자로부터 요・순・우는 성인의 반열에 올랐다고 할 만하다.

한편 우리나라 역사에게도 요순의 시기가 그다지 낯설지 않다. 왜냐하면 이 시기가 우리에게는 바로 단군왕검(檀君王儉)이 나타난 시기이기 때문이다. 단군왕검의 이야기를 여기에 실을 필요는 없을 것이다. 우리 역시 우리나라 건국의 신화로서 마치 역사 사실인 양 교과서에서 소개하고 있다. 일부 인사들이 종교적인 입장에서 이것에 우상 숭배적 요소가 있다고 해서 옳지 못하다고 하기도 하지만, 나는 이것이 역사적 사실로서 믿을 만한 가치가 있느냐하는 문제를 요순이 실재하였느냐 하는 것이 의심스러운 것처럼 단군신화 역시 냉철하게 그 의미를 되새길 필요가 있다는 점을 역시 조심스럽게 거론하고자 한다.

단군신화는 『삼국유사(三國遺事)』에 나오는데, 알다시피 단군이 건국하는 과정이 매우 신비하게 묘사되어 있다. 이렇듯 신비화 한 것은 건국을 신성시하고 정통성을 부여하기 위해서라고 할 수 있으므로 해석하기 나름으로 이것이 반드시 사실로서 역사가 아니라고 할 만한 확실한 증거라고도 할 수 없다는 것이 우리들의 일반적인 주장이다. 그러므로 단군신화의 신화적인 요소 역시 마치 역사처럼 우리들은 인식하고 있다.

단군신화에는 단군왕검이 조선을 건국한 시기가 요임금의 시기에 해당된다고 하는 구절로 이야기가 마무리 된다. 단군이 요순시기에 건국하였다는 것과 함께 『삼국유사』에 나온다는 것은 곧 단군의 이야기가 온전한 역사가 아니라는 것을 의미하기도 한다. 왜냐하면 삼국유사는 역사(歷史)가 아니라 유사(遺事) 즉 삼국의 '남겨진 일들'을 모아서 엮은 '이야기책'이기 때문이다. 하물며 정사(正史)라고 하는 『삼국사기(三國史記)』도 여러 가지로 진실논쟁에 얽혀있는 것 또한 사실이다. 삼국유사의 저자인 일연(一然) 스님은 당시 고려가 대몽항쟁기였기 때문에 민족 정서를 고양하기 위해서 우리 역사의 주체성과 유구함을 알리기 위한 작업의 일환으로 우리 민족의 정통성을 고양할 필요로 『삼국유사』를 지었을 가능성이 높다.

아무리 단군이 요순의 시기에 건국하였다는 사실이 인정된다고 하더라도 요순의 제위선양을 제대로 인정할 수 없듯이, 그것을 '건국(建國)'이라고 인정하기에는 간단치 않은 문제가 너무나도 많다. 어찌 되었든 간에 중국이나 우리나라는 서기전 1500년 이전에는 청동기시대가 오지 않았다고 보는 것이 학계의 일반적인 견해이기 때문이다.

3. 공자의 유토피아, 주공(周公) 단(旦)

요·순·우 이외에 역사적으로 증명할 수 있는 이들 가운데 공자가 진정으로 흠모했던 인물은 단연 주공(周公) 단(旦)을 들 수 있다. 주공은 주(周)나라를 창건하는 데에 결정적인 공훈을 세웠다. 문왕(文王)의 아들이자 무왕(武王)의 동생으로 믄왕이 은나라를 정벌하는 과정에서 죽자 무왕은 주나라를 건국하고 문물제도를 정착시키는 데에 결정적인 역할을 하였다. 게다가 형인 무왕이 건국 후 2년 만에 죽자 직접 왕권을 장악하라는 주변의 권유를 물리치고 대신 무왕의 어린 아들 성왕(成王)을 보좌하여 주나라의 기반을 닦는 데에 절대적인 역할을 하였다. 그리고 주공 단은 7년 동안 조카인 성왕을 섭정한 후 스스로 물러났다.

한편 주공 단은 『주례(周禮)』를 지어 주나라의 문물제도를 세우는 데에도 커다란 역할을 하였다고 전해진다. 이로부터 주나라의 정치와 사회 제도가 나라에 확고히 수립되었다는 평을 듣는다. 공자는 이러한 주공을 대단히 숭배하였다. 공자는 『논어·술이』편에서 "내가 정말 허약해지고 늙은 것 같다! 오랫동안 주공을 꿈에서 보지 못하였구나!(甚矣吾衰也! 久矣吾不復夢見周公!)"라고 할 정도로 공자는 주공을 흠모의 대상으로 여겼기 때문에 꿈속에서나마 보고자 했는데, 그러지 못하는 현실과 몸도 쇠약해지는 것을 안타까워하는 대목이 나온다. 이처럼 공자는 주공을 후세의 중국 황제들과 신하들이 모범으로 삼아야 할 인물로 격찬하도록 빌미를 마련해 주었다고 할 수 있다.

그렇다면 유가(儒家)에서 이상적인 인간상으로 성인(聖人)을 자주 일컫는데, 성인은 어떤 사람들인가? 앞서 밝힌 것처럼 모두 유가(儒家)에서 말하는 성인(聖人)은 대개 군자(君子)들의 모범이며 궁극적인 목표이다. 성(聖)자는 본디 귀[耳], 입[口] 그리고 왕(王)의 세 가지 요소가 합쳐진 글자이다. 즉 귀로는 세상의 학문 지식과 지혜를 두루 들어 깨우치고 입으로는 세상을 이롭게 하기 위해서 자신의 능력을 펼 줄 아는 왕(王)과 같은 존재라는 뜻이다. 그러므로 성인이란 인류를 구원하는 이라고 뜻이며, 이들 군자나 성인의 지상 목표는 다시 말해서 내성외왕(內聖外王)을 실현하는 것이다. 이것은 바로 스스로는 열심히 수련하여 성인의 경지에 오르며, 밖으로는 세상을 이롭게 하는 자인 것이다. 그러므로 기독교의 예수님처럼 성스러움을 타고 난 것을 성인이라고 하는 것과는 개념이 좀 다르다.

그렇다면 공자는 어째서 요·순·우는 물론 주공에 이르기까지 그들을 이상적인 인물로 받들었던 것일까? 이들 요·순·우, 주공 이외에 유가에서 성군으로 여기는 이가 은(殷)을 건국한 탕(湯)왕과 주나라를 세운 주 문왕(文王)과 무왕(武王)이 있다고 했는데, 탕왕·문왕·무왕이 여기에서 거론되지 않는 이유를 보면 그 까닭을 알 수 있다. 즉 요·순은 제위를 평화적으로 선양한 본보기를 보인 임금들이고, 주공은 형인 무왕의 죽음을 계기로 자신의 힘과 주변의 여건으로 왕의 자리에 충분히 오를 수도 있었는데 그렇게 하지 않은 인물들이다. 공자가 극구 칭송한 이들의 공통점은 자신의 힘을 이용하여서 좀 더 높은 자리를 넘보려고 하지 않았던 인물들이다. 다시 말해서 자신의 본분을 다하여 예(禮)를 완수하고자 했던 인물들이다.

이들과 비슷한 이유로 공자의 흠모를 받았던 인물로는 백이(伯夷)와 숙제(叔齊)가 있다. 이들은 고죽군(孤竹君)의 아들이었는데, 고죽군은 형인 백이보다는 막내아들인 숙제에게 자리를 물려주고 싶어했다. 아버지가 죽자 숙제는 이것이 예법에 어긋나는 것이라고 하여 맏형인 백이에게 자리를 양보했지만 백이도 동생의 뜻을 받아들일 수 없었다. 아버지의 뜻에 어긋나기 때문이었다. 결국 두 사람은 함께 떠나 당시 서백(西伯)이었던 문왕(文王)에게로 갔다. 그런데 이미 문왕은 죽고 그의 아들인 무왕(武王)이 문왕의 위패(位牌)를 수레에 모시고 은의 주왕(紂王)을 정벌하러 가려는 순간이었다. 백이와 숙제는 "아버지의 장례가 끝나기도 전에 전쟁을 일으키는 것은 불효이며 신하로서 임금을 치는 것은 인(仁)이 못 된다"라고 하며, 무왕의 은나라에 대한 혁명을 극구 말렸지만, 무왕은 듣지 않고 출정해 은을 멸망시키고 주나라를 건국했다. 백이와 숙제 두 사람은 무왕이 세운 주나라에서 녹(祿)을 먹는 것을 의롭지 못하다고 여겨 수양산(首陽山)에 숨어 살며 고사리를 캐먹고 지내다가 굶어죽었다고 한다.

앞서 공자는 주의 문왕, 무왕 그리고 주공 단이 성인이라고 보았지만, 백이와 숙제가 그들이 아비에 대하여는 불효이며, 임금에 대하여는 충성스럽지 못하다고 여긴 것 역시 인정하고 있다. 어쨌거나 자식은 부모에게 절대 효도하며 신하는 그의 임금에게 절대 충성해야 하는 것이 예법에 맞는다는 것을 강조한 것이기도 하다. 이러한 고사는 역시 은이 망할 즈음에 현인이었던 기자(箕子)가 주나라를 떠났던 점을 높이 평가한 것과도 같은 취지라고 할 수 있다. 기자조선(箕子朝鮮)을 세웠다는 기자의 이야기 역시 우리에게는 역사적으로 많은 논란거리인데, 공자가 생각한 이상사회의 전형은 공자의 수구적인 역사의식이 반영된 것임을 알 수 있다.

공자가 살았던 춘추(春秋)와 이후 더욱 극심한 전쟁의 시대로 내달려간 전국시대(戰國時代)는 약 BC 8세기에서 BC 3세기에 이르는 중국 고대의 변혁시대로서 이 시기는 서주시대(西周時代)에 있었던 봉건제도(封建制度)가 해체되어 가는 과도기적 시대로 극도의 사회혼란기였다. 주(周)나라의 봉건질서가 쇠퇴하여 사회가 혼란해지던 이 시기에 공자는 인(仁)이야말로 인간이 추구해야 할 최고의 도덕적 덕목이라고 하였으며, 인과 더불어서 예(禮)에 의한 교화를 통해서 세상을 바로 잡아야 한다고 여겼다. 공자가 예(禮)를 알아야 한다고 하는 것은 바로 당시 춘추시대가 각 제후국들의 패권다툼으로 인해 피폐해진 사회 속에서 각자 제자리를 잘 지키며 남을 넘보지 말아야 한다는 의식을 담고 있다.

　예(禮)자는 본디 제사지내기 위하여 무언가를 보인다는 뜻의 '시(示)'자와, 바구니에 제물을 가득 담아 제기에 올려놓았다는 뜻의 '풍(豊)'자가 합해져 있듯이 '예(禮)'란 풍성하게 제물을 차려 놓고 제사를 올리는 것을 그린 것이다. 그러한 제사 의식에서 가장 중시하는 덕목이란 바로 제사를 올리는 이들 사이의 질서가 무엇보다도 중요했던 것인 만큼 예는 바로 주대에 이르러서는 고대 중국의 종법(宗法)사회에서 한 집안이나 나라에서 혼란을 막는 도덕적 품덕(品德)을 말하는 것으로 곧 질서라는 뜻을 갖게 되었다. 이것은 봉건제를 채택했던 주(周)나라가 차츰 봉건질서가 흐트러지면서 사회가 문란해지고 각자 처하거나 맡은 바의 임무를 접어둔 채 질서를 문란하게 하던 사회 풍조를 바로 잡기 위해서는 예가 바로 서야 한다고 공자는 여겼던 것이다.

　공자의 유토피아는 결국 개인이란 사회의 한 일원으로서 자신과 사회와의 관계를 해치지 말아야 하고, 자신의 자리를 잘 지켜서 맡은 바의 직분에 최선을 다하는 것이라고 보았던 것인데, 공자는 이러한 이념을 널리 펴기 위해서 역사 이전의 요·순·우의 이야기를 과장되게 확대하여 마치 이상사회의 역사현실이었던 것처럼 포장한 측면이 강하다고 할 수 있다.

인간의 타고나는 마음은 착한 것인가?

1. 본성에 대하여 말하고 싶지 않았던 공자

인간의 본성이 선한지 악한지, 또는 닭이 먼저인지 계란이 먼저인지 초등학교 시절 누구나 친구들과 한번쯤은 논쟁을 벌여 본 추억이 있을 것이다. 얼마 전에 언뜻 신문의 과학기사에서 보니까, 닭과 달걀 가운데 달걀이 먼저라는 증거로 삼을 만한 화석이 나왔다고 한다. 영원히 풀리지 않을 것 같은 두 가지 난제 가운데 닭과 달걀의 논쟁은 서서히 그 끝이 보이는 듯하다.

그렇다면 인간이 타고나는 마음에 관한 문제는 언제쯤 풀릴까? 최근에 인간의 유전자 지도가 완성이 되었고, 이제는 그 유전자 정보를 하나하나 풀기를 시도하는 단계라고 한다. 이제 시작 단계이긴 하지만, 과학기술의 발전 속도가 때론 한순간에 후다닥 모든 것을 해결해 버리는 속성이 있기도 하니, 유전자 정보를 이제야 풀기 시작했다고 하더라도 어느새 내일이라도 예전의 황 아무개 박사 같은 분이 나타나셔서 다 끝냈노라고 발표하더라도 이제는 전혀 이상할 것이 없을 듯하다. 아니면 과학이 아무리 발전하더라도 인성의 문제는 과학이 해결할 수 있는 문제가 아닐 것 같으니 영원토록 초등학교 어린이들의 입씨름 거리로 남을지도 모르겠다.

『중용(中庸)』 제1장에서 "하늘이 명한 것을 성(性)이라 이르고, 성을 따르는 것을 도(道)라고 이르고, 도를 닦는 것을 가르침[敎]이라고 한다.(天命之謂性, 率性之謂道, 修道之謂敎.)"라고 하여, 성에 대하여 비교적 분명히 규정하였다. 즉 성은 하늘이 사람에게 부여한 것, 사람이 날 때부터 갖추고 있는 것으로 하늘의 명령에 의해서 존재하는 것이로되, 마치 하늘이 인간마다 각기 이미 정해 준 절대적인 의미의 타고난 본성을 말하는 것 같다. 이것을 빌미로 하여서 성(性)이 타고 나면서부터 선(善)하다고 체계화한 이론을 낸 것이 맹자의 성선설(性善說)이다.

그런데 인간의 본성에 관하여 맹자 이전에 이미 공자의 『논어』로부터 본성(本性)에 관한 논의가 시작되었다고 할 수 있으니, 이번에는 인간의 본성에 대한 유가의 논의가 어떻게 형성되고 발전하여 갔는지를 알아보고 그들의 인성에 대한 논의가 오늘날 우리들에게 시사해 주는 것은 과연 무엇인지 생각해 보도록 하자.

공자가 성(性)에 관해 논의하기 시작했다고는 하지만, 그의 어록인 『논어』에는 성에 관한 논의가 체계적이거나 분명하지는 않다.

자공이 『논어(論語)·공야장(公冶長)』편에서 "선생님의 말씀이나 자취는 들을 수 있으나, 선생님께서 성(性)이나 천도(天道)를 말씀하신 것을 들을 수가 없다.(夫子之文章, 可得而聞也. 夫子之言性與天道, 不可得而聞也.)"라고 하였을 뿐이다.

공자가 남긴 자취로서 말씀이나 행동들은 어떻게든 전해 듣거나 글로 알아 볼 수 있었는데, 성(性)이나 천도(天道)에 관한 말은 좀처럼 하지 않았기 때문에 뛰어난 제자 가운데 하나라고 할 수 있는 자공(子貢)조차도 공자가 그것에 관해서 말한 것을 들은 것이 없다고 하였다.

성이나 천도, 또는 죽음, 귀신 등에 대해서도 제자들 모두 궁금해 하였을 터인데, 공자는 어째서 자세하게 어쩌다는 식으로 말하지 않았을까? 공자는 매우 실증적인 삶의 자세를 가진 사람이었다. 그래서 그가 생전에 대개 현실 세계에서 검증할 수 없는 것은 말하고 싶어 하지 않았다. 그래서 「양화(陽貨)」에서 "하늘이 어찌 말을 하더냐? 사시가 운행이 되고 온갖 만물이 생장하는데 하늘이 어찌 말을 하더냐?(天何言哉? 四時行焉, 百物生焉, 天何言哉?)"라고 한 것처럼, 공자는 우주 만물의 생성과 운행의 이치인 도라고 하는 것이 당연히 있어서 눈에 띄지 않게 존저해 있는 것이라고 보고, 그것에 대해서 굳이 말하려 하지 않았다.

그렇지만 실제로 공자는 타고난 마음이라는 뜻인 '성(性)'에 대하여 딱 한 번 언급하였다. 「양화(陽貨)」편에서 "인간의 본성은 서로 비슷하게 타고나지만, 습관이 그것들을 서로 멀어지게 한다.(性相近也, 習相遠也.)"라고 한 것이다. 이 말은 공자가 본성에 대하여 어찌 인식하고 있었는지를 알 수 있는 중요한 단서가 되는 말이다. 그런데 본성이 선한지 악한지에 대하여 분명히 딱 집어서 말한 것은 아니다. 다만 누구나 비슷한 본성을 타고 나는데, 후천적인 습관 혹은 학습을 통해서 서로 달라지는 것이라고 한다. 얼핏 보면 타고난 본성보다는 후천적인 환경과 학습을 더욱 중시하는 듯한 느낌을 받기도 한다.

천도(天道)에 대해서도 역시 공자는 직접 그것 즉 하늘의 이치가 어떠한 의미를 지닌다고 말한 적도 없다. 다만 하늘에는 그것을 주재하는 도리나 원리로서의 도(道)가 있듯이 자연물의 한 존재인 인간 역시 마땅히 그와 같은 원리에 따라 살아 나아가야만 옳은 것이라고 하는 정도일 따름이다. 공자가 이렇듯 본성이나 천도에 대한 애매한 태도를 보인 것에 비하여 보다 확연하게 입장을 밝힌 이가 바로 맹자(孟子)이다.

2. 인간은 선하게 태어난 이유에 대하여

맹자의 사상은 인의설(仁義說)과 그 기초가 되는 성선설(性善說), 그리고 이에 입각한 왕도정치론(王道政治論) 등으로 나누어진다. 공자의 인(仁) 사상은 부모 자식, 부부, 형제 사이에 생기는 자연스러운 친애(親愛)의 정을 널리 사회에 미치게 하려는 것으로 가족중심의 차별적인 사랑을 말하는데, 맹자는 이러한 공자의 인 사상을 계승하여 한편으로는 보편적인 인애(仁愛)의 덕(德)을 주장하면서, 한편으로는 그 인애의 실천에 있어서 현실적 차별상(差別相)에 따라 그에 적합한 태도를 결정하는 의(義)를 주장하였다. 맹자는 여기에 예(禮)와 지(智)를 덧붙여서 인간이 본디 가지고 태어나는 네 가지 실마리를 사단(四端)이라 하였으니, 맹자는 이 네 실마리가 인간이 나면서부터 선하다고 한 성선설(性善說)의 증거가 된다고 주장하였다.

맹자는 인간이 본디 선한 근거가 되는 이 사단에 대하여 말하기를,

> 인의예지(仁義禮智)는 밖으로부터 나에게 녹아서 들어온 것이 아니요, 나에게 원래 있던 것인데, 사람들이 생각하지 못할 뿐이다. 그러므로 찾으면 얻을 것이요, 버리면 잃을 것이다.(仁義禮智, 非由外鑠我也. 我固有之也. 弗思耳矣. 故曰求則得之, 舍則失之.『孟子・告子上』)

라고 한 것처럼, 맹자는 공자의 말을 계승하여, 성선설의 근거로 인의예지가 누구에게나 갖추어져 있다고 했는데, "군자가 타고나는 성에는 인의예지가 마음속에 뿌리내려 있으니,(君子所性, 仁義禮智根於心.)" 남을 측은해 할 줄 아는 마음인 측은지심(惻隱之心), 자기의 잘못을 부끄러워할 줄 알고, 남의 잘못을 미워할 줄 아는 마음인 수오지심(羞惡之心), 남에게 양보할 줄 아는 마음인 사양지심(辭讓之心), 옳고 그른 것을 가려낼 줄 아는 마음인 시비지심(是非之心), 이 4가지는 사람이 본디 마음 속에 타고나는 '네 실마리[四端]'인 것이며, 이것들을 잘 계발하여서, 사람 본성에 타고난 성선(性善)의 실마리를 더더욱 확충시켜야 한다고 했다. 즉 성선의 실마리는 누구나 타고나지만 '구하면 얻을 것이다'라고 한 것처럼 누구나 당연히 선한 사람으로 완성되는 것이 아니라 힘써 '확충(擴充)'하는 자만이 선인(善人)이 되는 것이 가능하다고 했다.

그래서 맹자는 이 사단 가운데에서도 측은지심이 특히 인간이 본디 선한 증거가 된다고 하여 다음과 같이 예를 들어 설명하였다. 어느 날 길을 가던 청년이 아무것도 모르고 우물에 빠지려는 어린 아이를 보면, 마땅히 그 아이를 구할 것인데, 이 젊은이의 본심에는 어떠한 이익을 요구하거나 다른 의도에서가 아니라 본래부터 남의 어려운 처지를 보고는 순수하게 불쌍히 여기는 마음이 있어서라고 했다. 이것이 남의 어려움을 보고 측은(惻隱)해 할 줄 아는 마음으로서 남의 불향을 차마 보지 못하는 '불인지심(不忍之心)'을 누구나 가지고 있는 것을 보면 알 수 있다고 하였다.

인간에게는 정말로 누구에게나 이와 같은 착한 본성의 실마리를 가지고 있는 것일까? 맹자는 당연히 있다고 했지만, 세상에는 사람이 본디 선하게 태어났다는 것을 의심케 할 만한 사람이나 사건이 종종 일어난다. 요(堯)임금처럼 훌륭한 임금 밑에서 상(象) 같은 나쁜 이가 있기도 하고, 고수(瞽瞍) 같은 어리석은 아비 밑에서 순(舜)임금 같은 성군도 나오니 말이다. 거꾸로 주(紂)왕 같은 나쁜 왕 밑에서 미자(微子)나 비간(比干) 같은 훌륭한 신하도 나왔듯이 말이다.

맹자의 성선설이란 역시 인간이 나면서 무조건 선한 채로 태어나서 선하게 살아간다는 뜻에서 말한 것이 아니며, "그 실정으로 말할 것 같으면, 선을 행할 수 있다는 것이다.(乃若其情, 則可以爲善矣.)"라고 하였듯이, 인간이란 성선의 가능성으로서 사단(四端)을 타고났을 뿐이라는 것이다. 즉, 닭이나 개에게는 선을 일깨워서 실천하도록 할 수는 없지만, 제아무리 악독한 자라도 그에게 선을 일깨워주면 그는 잘못을 깨우치고 선한 데로 나아갈 수 있는 것처럼, 짐승과 달리 인간만이 선과 악의 구분을 알고 선할 줄 안다는 뜻에서 성선설을 말한 것이다. 그야말로 인간을 긍정적으로 보아준 것이라고나 할까!

3. 음식남녀

맹자의 성선설을 반대하여 맹자와 논쟁을 한 이로서 고자(告子)라는 이가 있었다. 그는 맹자의 성선설을 반박하여,

> 인간의 본성은 마치 솟구치는 물과 같아서 동쪽으로 물길을 이끌면 동쪽으로 흐르고, 서쪽으로 물길을 이끌면 서쪽으로 흐르는 것과 같다. 인간이 선하고 선하지 않은 것에 구분이 없는 것은 마치 물이 동서의 구분이 없는 것과 같다.(性猶湍水也. 決諸東方則東流, 決諸西方則西流. 人善之無分於善不善也, 猶水之無分於東西也.)

라고 하였다. 인간에게서 본성은 타고나는 것이 아니라 다만 후천적인 학습과 환경에 의해서 선한지 악한지가 결정되는 것이라고 하였다. 인간에게 본성이 있다면 "식욕과 성욕이 본성이다.(食色性也.)"라고 하였는데, 여기에서 식색(食色)은 식욕과 성욕을 말하는 것으로서 고자는 아주 노골적으로 인간을 다른 짐승과 다를 것이 없다고 했다.

이에 대하여 맹자는 식욕과 정욕(情慾)이 사람의 자연적인 속성인 것은 인정하지만, 인간만이 갖는 인의(仁義) 같은 도덕관념이 있다는 것이 짐승과 구별되는 진정한 인성(人性)이라고 하였고,

> 물이 진정 동서의 구분은 없다지만 위와 아래의 구분도 없는 것인가?
> 사람의 본성이 선한 것은 마치 물이 아래로 흐르는 것과도 같은 것이다.
> (水信無分於東西, 無分於上下乎. 人性之善也猶水之就下也. 『孟子·告
> 子上』)

라고 하여서 인간의 본성이 선한 이치는 물이 아래로 흐르는 것
만큼 당연한 것이라고 하였다.

그런데 인간에게서 악(惡)한 성품이 나타나는 이유는 자질에서
문제가 있는 것이 아니라 마치 땅처럼 비옥하거나 메마른 차이 또
는 기후 조건과 농부의 정성에 따라 수확량이 달라지는 것과 같은
이치라고 했다. 따라서 사람은 본래의 그 착한 본성을 열심히 닦
아 기르는 것이 중요하다고 하였다. 결국 사람은 짐승과 같은 존
재가 아니라는 것을 들어서 고자와의 인성론에 관한 논쟁을 마무
리했다

무릇 인간이 선하다는 것을 보이는 증거인 네 실마리를 누구나
다 타고나기는 하지만 그것이 자신에게 있는 것을 다 넓혀서 채울
줄 알면 마치 불이 처음 타오르듯 샘이 처음에 솟아오르듯이 하는
것과 같다는 것이다. 맹자는 이 세상에서 성선을 실현하지 못하는
사람들이 없지 않은 것을 보고서 그렇게 된 이유를 설명하고 있다.
누구나 가지고 태어났지만, 하도 오래도록 돌보지 않아서 이제는
자신의 몸 어디에 그 성선의 실마리가 있는지를 잊어버리게 되었
다는 말이다. 그러므로 누구나 똑같이 착한 삶을 사는 것만은 아
닌 이유가 여기에 있다고 하는 것이며, 타고난 이 네 실마리를 열
심히 갈고 닦아야 하는 이유도 여기에 있다고 하였다.

4. 인간은 나면서부터 악한 존재?

　순자(荀子) 역시 전국시대 말기 유학자(儒學者)였지만, 송대(宋代) 이후의 유학자들은 그가 성악설을 주장하였고, 진시황을 도왔던 이사(李斯)와 진(秦)의 사상적 토대인 법가(法家)의 한비자(韓非子)가 그의 제자였다는 점 등을 부각시킴으로써, 그를 부정적으로 보는 입장이 강했다. 순자는 『순자(荀子)·성악(性惡)』편에서 "인간의 본성은 악하다. 인간이 선하다고 하는 것은 일부러 한 것이다.(人之性惡, 其善者僞也.)"라고 한 말은 어느 누구에게나 환영을 받지 못한 발언이 아닐 수 없다. 왜냐하면 순자의 성악설은 언뜻 보기에 '너도 나도 모두 악한이다'라고 말한 것과 크게 다르지 않은 것처럼 보이기 때문이다. 세상에 누구든 어찌 되었거나 자신을 보고는 악한이라고 하는 데에야 좋아할 사람은 없을 것이다.

　인간 본성에 관한 순자의 생각은 인간이 태어날 때부터 선하다는 성선설(性善說)을 말한 맹자의 관념적이며 낙관적인 견해와는 다르다. 맹자가 모든 인간은 태어날 때부터 이미 인간을 착하게 하는 네 가지 실마리인 사단(四端)을 가지고 태어나 그것을 계발할 수 있는 잠재력도 가지고 있다고 한 반면에 순자는 인성(人性)이 악(惡)하다고 했다. 그런데 사람들을 보건대 모두 악하기만 한 것이 아니라 때론 선(善)한 사람도 있으니 그 이유는 무엇일까? 순자는 그렇게 보이는 것은 그 사람이 인위적인 행위로서 '일부러 그렇게 가장하는 것[僞]'이기 때문이라고 한다. 여기에서 '위(僞)'는 오늘날 우리가 허위(虛僞)라고 하여 '거짓되다'라는 뜻으로 쓰지만,

이 글자는 사람이 일부러 무엇인가 한다는 의미로서 회의자(會意字)이다. 그러니 순자가 보기에 사람들이 선하게 보이는 것은 거짓되었다고 본 것이 아니라 그 스스로 악한 본성을 제어하려는 의지가 드러난 것이라고 본 것이다.

한편 성선설을 주장한 맹자는 인간이 학문 수양을 하고자 하는 마음을 가진 것 역시 인간이 선하다는 증거라고 하였지만, 순자가 보기에는 이것은 성(性)과 위(僞)를 구별하지 못해서 생긴 오류라고 여겼다. 성은 본디 타고나는 것이니 학문 수양을 통해서 얻어지는 것이 아니며 인위적인 작위가 필요치 않은 것이다. 오히려 인간의 타고난 본성이 악하기 때문에 학문 수양을 통해서 인간의 악한 본성을 제어해 가야한다고 보았다. 그러므로 맹자는 공자의 인성론을 이상적인 측면에서 계승하였다면 순자는 현실적인 측면에서 공자를 계승하였다고 할 수 있다.

그렇다면 순자는 어째서 인간의 본성이 악하다고 한 것일까?

> 지금 사람들 본성은 나면서부터 이로운 것을 좋아한다. 이것을 따르면 그 때문에 싸우고 빼앗는 일이 생기고, 사양하는 것이 없어진다. 나면서 싫어하고 미워하는 것이 있다. 이것을 따르면 남을 해치는 일이 생기고, 진심과 미더움이 없어진다. 나면서 귀와 눈이 좋은 소리와 색을 원하는 것이 있다. 이것을 따르면 음탕하고 어지러워지는 일이 생기고 예의(禮義)는 없어진다. 今人之性, 生而有好利焉. 順是, 故爭奪生而辭讓亡焉. 生而有疾惡焉. 順是, 故殘賊生而忠信亡焉. 生而有耳目之欲好聲色焉. 順是, 故淫亂生而禮義亡焉.『荀子·性惡』)

라고 하였다. 순자는 인간이 '날 때부터 이익[利]를 좋아하기 때문에' 그것을 차지하기 위해서 싸우고 사양할 줄 모른다고 했다.

맹자는 갓 태어난 어린아이에게는 가장 티 없이 맑고 순수한 마음으로서 '적자지심(赤子之心)'이 있다고 하였는데, 순자는 거꾸로 인간이 태어나면서부터 좋은 것만 가지려는 욕심을 타고나는 것이며, 그것을 억지로 얻으려고 하기 때문에 악해진다고 했다. 맹자나 순자가 똑같이 아이를 비유로 들었으면서도 입장이 다른 것은 아이러니하다고 하겠다.

두 사람의 이러한 견해차로부터 성선과 성악설의 주요논쟁이 시작된다. 인간의 성에 관한 이들이 내린 정의에서 맹자가 지나치게 관념적이며 이상주의에 치우쳐 있다면, 순자는 "배고프면 먹으려 하고, 추우면 따듯해지려 하고, 힘들면 쉬려 하고, 이로운 것은 좋아하고, 해로운 것은 싫어하니, 이것은 사람이 타고나면서 그러한 것이지, 다른 무엇에 의해서가 아니라 자연스러운 것이다.(飢而欲食, 寒而欲煖, 勞而欲息, 好利而惡害, 是人之所生而有也, 是無待而然者也.)"라고 하였는데, 이러한 지적은 인간의 본성이 동물과 서로 같은 존재일 뿐이지 인간으로서 동물과 다른 측면에 대해서는 애써 무시하고 있는 듯도 하다.

맹자는 인간의 본성이 본래 선을 하늘로부터 부여받았기 때문에 그것의 선함은 변하지 않는 것인데, 반면에 순자에게 있어서 하늘은 어떠한 도덕적 원리나 가치를 부여해주는 것이 아니며, 단순히 자연물의 하나로서 기능적인 운행을 하는 존재일 따름이라고 보았다.

맹자는 이상주의적 관념론의 하나로서 인간의 성선을 주장하였지만, 순자는 인간이 자신의 이익을 추구하느라 악해진다는 현실론적 입장에서 성악설을 주장했다. 이것은 참으로 용기 있는 발언이라고 할 수 있다. 왜냐하면 이것으로 인해 결국 순자는 유가의 이단자가 되었으며 그가 이루어 놓은 많은 학문적 업적까지도 인정받지 못하게 되었기 때문이다.

순자 성악설의 진정한 의미는 무엇이었을까? 맹자의 성선설이 모든 사람은 선하게 태어나 선하게 살다가 선하게 죽는 것이 아니듯이, 순자의 성악설은 인간이 태어나면서 모두 악하게 태어나 악하게 살다가 악하게 죽는다는 의미가 아니다. 순자는 다만 악하게 될 수 있는 요소로서 인간의 이익을 추구하려는 욕심 같은 것을 잘 제어할 수 있도록 하자는 것이다. 그러므로 순자는 「유효(儒效)」편에서 "성이라고 하는 것은 자신이 만들어 낼 수는 없지만 변화시킬 수는 있다.(性也者, 吾所不能爲也, 然而可化也.)"라고 하여서 인간의 후천적인 노력에 따라서 본성은 얼마든지 변할 수 있는 것이라고 한다.

공자는 극기복례(克己復禮)라고 하여 사람이 살아가는 데에 있어서 예(禮)를 최고의 도덕적 가치기준으로 삼았다. 그런데 순자는 인간이 타고나면서 악하기 때문에 그러한 욕망대로 살아가려 하지만 세상의 물질이 충분하지 못해 욕구를 다 충족시킬 수 없으므로 싸움이 일어나니 예로써 인간의 욕망을 다스리지 않으면 안 된다고 한 것이다. 그렇다면 인간이 무리를 짓지 않고 각자 살아가면 될 터인데 인간은 소보다 힘이 약하고 말보다 달리기도 잘 하지 못하는 존재이지만 그들을 부릴 수 있는 것은 함께 모여 살며 지혜를 쓸 줄 알기 때문이며 배움을 통해서 사회를 유지하는 예법과 지혜를 얻을 수 있기 때문이라고 한다.

인간의 본성이 악하지만 그가 선한 것은 인간의 인위적인 행위 즉 '위(僞)'를 통해서 가능하다고 하였으니, 악하게 타고나는 성

(性)은 어찌 할 수 없지만, 성인이 제정한 예의(禮義)와 사법(師法)에 의해서 악한 본성을 강제로라도 선한 데로 이끌고 갈 수 있다는 것이다. 마치 "흙을 쌓으면 산이 되고, 물을 모으면 바다가 된다.(積土而爲山, 積水而爲海.)"라고 한 것처럼, 꾸준히 노력하면 질적 변화까지도 이루어낼 수 있음을 말한 것이다.

순자는 무릇 성이라고 하는 것은 하늘이 내려준 것이니, 배울 수도 힘쓸 수도 없는 것이며, 예의(禮義)라고 하는 것은 성인이 만든 것으로 사람이 배워서 할 수 있는 것이며, 힘써서 이룰 수 있다는 것이다. 순자는 거꾸로 사람이 학문을 하는 이유는 본성이 악하기 때문에 그 악함을 제재하기 위한 것이라고 한다. 만약에 타고난 본성이 선하다면 어째서 인간이 악해지겠느냐고 반박한다. 이것이 맹자와 순자가 생각한 성(性)과 위(僞)에 대한 견해에 대한 차이이다.

순자는 사람이 눈으로 사물을 보고 귀로 소리를 듣는 것은 타고나면서부터 아무런 배움이 없이도 가능한 것이고, 사람의 의지로는 보려고 하지도 들으려 하지도 않을 수 없는 것이니 바로 성(性)인 것이고, 예의(禮義)는 성인이 만든 배움의 대상이니 인위적으로 배우고 익혀야 할 대상으로서 위(僞)라는 것이다.

맹자는 "사람은 누구나 요순과 같은 성인이 될 수 있다."라고 하였고, 순자 역시 같은 생각에서 "길거리에 다니는 사람도 모두 우임금이 될 수 있다."라고 하였으니, 맹자나 순자나 마찬가지로 누구나 노력하면 성인이 될 수 있다는 것을 말한 것이다. 그런데, 다만 모두 성인이 되지 못하는 것은 스스로 그렇게 되려고 노력을 하지 않아서 할 수 없는 것일 뿐이라는 것이다. 그들의 차이점이라면, 맹자가 인간의 타고난 본성이 모두 선하기 때문에 학습을 통해서 그것이 가능한 것이며, 순자는 후천적인 학습을 통해서 타고난 악한 성을 제거함으로써 가능하다고 한 것이다.

즉 인간의 본성이란 타고나는 것이지만 예의도덕 같은 인위적인 노력으로 가공하지 않으면 아름다워질 수 없는 것이라고 한다. 그러므로 성인은 도덕규범과 예의제도를 통해서 백성을 교화해야 하는데, 왕공과 사대부의 자손이라도 예의를 따르지 않으면 일반 서인에 귀속시키고, 일반 백성의 자손이라도 노력하여 학문을 쌓고 도덕적인 수양을 닦으면 높은 벼슬에 오를 수 있는 것인데, 다만 그렇게 되려고 하지 않아서 못 되는 것이라고 한다.

오늘날 우리들은 맹자와 순자의 성선설과 성악설을 놓고 비교하면서 단순하게 인간의 본성이 선한지 악한지에만 치중하여 누가 옳은 것인가를 따지는 경향이 있다. 그러나 이 두 설은 아직까지는 과학적으로 증명이 될 수 없는 것이며, 그들이 그토록 완전히 상반된 견해를 가지고 있는 것 같지만, 맹자와 순자가 정작 중요시한 문제는 진정 인간답게 살기 위해서는 어찌 해야 하는가에 치중하고 있다고 하겠다. 맹자가 성선의 증거라고 여긴 사단(四端)은 누구나 타고나지만 계발하지 않으면 안 되는 것이니 열심히 갈고 닦아야 한다고 한 것이며, 순자도 예법과 교화로서 인간을 바른 길로 이끌어야만 한다고 한 것처럼 말이다.

제8강

왕다운 정치를 위하여

1. 공자의 정치사상

우리 사회에서 매 5년마다 큰 이슈가 되는 것은 무어라 해도 5년에 한 번씩 치르는 대통령선거일 것이다. 세계의 주요 국가들 가운데에서 자본주의 국가이거나 사회주의 국가이거나 어느 나라이든 모두 공화정치(共和政治)를 채택하고 있는 것이 일반적인데, 공화(共和)정치란 대개 선거를 통해서 정권의 고체할 수 있다는 것을 말한다. 중국 역시 1949년도 이후 사회주의 국가이면서 '중화인민공화국'이라고 국호를 정해 부르는 만큼 월칙상 선거를 통해서 지도자를 뽑고 있다. 그런데 좀 의아한 것은 중국이 49년 사회주의 국가임을 선포한 이래 한번도 공산당이 아닌 당이 집권한 적도 없으며, 선거라는 것을 제대로 치러서 국가의 주석을 뽑은 적도 없는 것 같다고 여기기 십상이다. 아니 중국에 공산당 말고 또 다른 정당이 있던가? 이것에는 우리가 중국의 정치상황과 사회주의에서 독재를 펴는 것에 대한 이해가 깊지 않기 때문에 생기는 의문이다. 중국에서 지도자는 집단지도 체제에서 간접적으로 뽑으며, 야당의 일종인 민주당(民主黨)이 모든 사안에 대하여 추후에 동의하는 형식을 취하기는 하는데, 공산당에 의하여 전제정치(專制政治)를 펴는 것은 사회주의 발전단계에서 완전한 공산주의를 이루는 단계까지는 인민의 절대 권력을 위임받은 공산당의 영도에 절대 복종하여야 한다는 식의 애매한 체제를 인정하기 때문이다. 이러한 정황은 얼핏 북한의 정치체제와도 같다.

그렇지만 인류가 사회를 이루고 정치를 하는 이유는 자본주의 체제이건 사회주의 체제이건 예나 지금이나 달라지지 않은 것이라면 정치활동을 통해서 누군가의 이익을 보호한다는 것이다. 이번에는 유가에 나타난 정치사상은 어떤지 살펴보고자 한다.

아주 옛날 이른바 인류가 사회생활을 하기 시작하면서 왕(王)과 같은 존재가 자연스레 우두머리가 될 필요가 있었을 것이다. 그 시대에 누가 우두머리가 되느냐의 기준은 당연히 힘이 가장 센 사람이었을 것이다. 그래서 만들어진 王(왕)자가 도끼를 형상하는 글자에서 만들어졌다고 한다. 이후 사회가 커지고 복잡해지면서 왕이라는 존재에 좀 더 의미와 가치가 부여되어 하늘의 아들로서 천자(天子) 혹은 빛나는 제왕으로서 황제(皇帝)의 의미로까지 점점 그의 위상이 확대되어 커갔다. 그런데 이후의 왕들이 입던 곤룡포에는 보불(黼黻)무늬라고 하여 도끼날처럼 생긴 무늬의 수가 놓여 있었는데, 흥미로운 것은 이 보불무늬에는 도끼의 자루는 그려 넣지 않는다는 것이다. 왜냐하면 왕은 힘과 권위가 있는 존재이긴 하지만 정작 그 힘을 함부로 행사하지는 않는다는 의미를 담기 위해서라고 한다. 그러므로 왕 된 자의 근본에는 어쨌거나 힘이 센 존재라는 것은 늘 변치 않았다는 것이다.

서주(西周)시대 말기인 춘추전국시대는 제자백가(諸子百家)가 나타나면서 인간 중심의 인문정신이 싹트기 시작했다고 하였다. 이것은 중국역사에 매우 의의 있는 발전이라고 할 수 있다. 그래서 공자가 나타나기 전까지 정치는 오로지 전제정치의 주체였던 왕만을 위한 것이었다. 이러한 시대 환경에서 공자는 과연 정치는 누구를 위한 것이며, 어떻게 해야 하는가에 대한 새로운 이정표를 제시하였다고 할 수 있다. 이처럼 공자의 인류에 대한 기여는 기존의 왕만을 위한 정치로부터 그것의 수혜자로서 백성을 거론하였다는 점이다. 그렇기 때문에 공자를 단순히 정치가라고만 부르지 않고, 성인(聖人)이라고 하는 것이다.

성인(聖人)이 세상에 오신 이유와 목적은 기본적으로는 인류의 구원에 있다고 하겠다. 석가도 예수도 마찬가지일 것이다. 어지럽고 혼란스러운 사회에서 고통 받는 이의 구원을 위해서 세상에 두루 구원의 말씀을 펴신 분들이다. 이에 공자 역시 당시 혼란의 시대였던 춘추시대에 위정자들을 향해 외친 한마디는 바로 '사랑[仁]'과 '정의[義]'의 실천이었다. 공자가 밝힌 인과 의의 실현이야말로 세상을 다스리는 정치 행위의 근본이념이라고 할 수 있다.

앞 장에서 '정치란 바르게 하는 것(政者, 正也.)'이라고 하였다. 공자는 무엇이든 있어야 할 자리에 있어주어야 하는 한다는 의미에서 이름을 바로잡는다는 뜻의 정명(正名)이라고 하였으며, 정치를 비롯해서 모든 일의 시작은 자신이 처한 위치에서 그 직분을 바르게 수행하는 것에서부터 비롯된다는 뜻이라고 했다. 그러므로 공자는 「위정(爲政)」편에서 정치의 시작은 집안을 편히 하는 것에서부터라고 하였다.

> 누군가가 공자에게 이르기를, "선생님께서는 어찌하여 정치를 하시지 않습니까?"라고 하자, 공자는 "『서경(書經)』에 효(孝)에 대하여 말하였는데, '효도하며, 형제끼리 우애로운 것을 정사에 베푼다.'라고 하였다. 이 역시 정사를 하는 것이니, 어찌 정치를 하는 것만이겠느냐?"라고 하셨다. (或謂孔子曰: "子奚不爲政?" 子曰: 書云, '孝乎惟孝, 友于兄弟, 施於有政.' 是亦爲政, 奚其爲爲政?)"

『대학(大學)』에 '큰 학문(大學)'의 길에 대하여 말하기를, 격물(格物), 치지(致知), 성의(誠意), 정심(正心), 수신(修身), 제가(齊家), 치국(治國), 평천하(平天下)라고 하였으니, 여기에서 군자의 최후 목적은 당연히 나라를 다스리고 세상을 올바르게 하는 것이라고 한 것이다. 공자는 자기의 사정을 미루어 남에게 사랑을 미친다는 의미의 '추기급인(推己及人)'이나 자기가 하고자 하지 않는 것을 남에게 미루지 말라는 뜻의 '기소불욕물시어인(己所不欲勿施於人)'이라고 했던 것이다. 그런데 이러한 사고방식이 오늘날 공자가 비난을 받는 이유이기도 한데, 이것은 어쨌거나 이 사회에서 늘 자신을 중심으로 생각하자고 하는 것이기 때문에 혈연, 지연과 같은 것을 중시하는 나쁜 병폐를 낳게 되었다고 할 수 있다. 물론 공자가 실제로 그러한 의도에서 말한 것은 아니며, 어디까지나 현실적이고 합리적인 의식을 반영한 것이라고 할 수 있다.

그러므로 세상을 옳게 다스리는 것 역시 자기의 수양으로부터 시작해서 가정 속에서 "부모자식 사이에서는 사랑하고(父子有親)", "형제 사이에는 서로 위아래를 지키는 가운데 우애롭고(長幼有序)", "부부 사이에는 각자의 본분을 다함으로써 가정을 행복하게 꾸미는(夫婦有別)" 것과 같은 덕목을 중시하는 것이다. 이러한 것들부터 제대로 자리를 잘 잡음으로써 세상이 평안해지는 것이니, 이밖에 또 무엇이 세상을 다스리는 일이겠는가 반문한 것이다.

이렇듯 공자의 윤리사상의 핵심인 인(仁)은 가족 간의 사랑의 방식을 일컫은 것이라고 할 수 있는데, 그러기 위해서는 격물(格物), 치지(致知), 성의(誠意), 정심(正心), 수신(修身)과 같이 자기 자신부터 잘 수양하는 것을 통해서 집안을 다스린다는 '제가(齊家)'에 이어서 치국(治國)과 평천하(平天下)를 실현할 수 있다는 것이다. 여기서 말한 대학(大學)의 8조목은 유가에서 말하는 군자의 학문수양 방법론을 제시한 것이라고 할 수 있다.

이것이 유가에서 군자가 되기 위한 도를 다르게 말한 '내성외왕(內聖外王)'이다. 즉 군자는 안으로는 스스로 성인이 되고자 힘쓰며, 성인의 단계에 오르고서는 밖으로 세상 다스리는 일로 완성해야 한다는 것이다. 즉 여기에서도 공자는 바로 성인이란 타고나는 것이 아니라 스스로의 노력을 통해 다다르는 경지이며, 이것을 세상을 위해서 펼 줄 알아야 한다고 한 만큼 공자의 학문과 사상은 언제나 세상을 향해 있었다.

그렇다면 유가에서는 어째서 이렇듯 가족 간의 관계를 중시할까? 그것은 중국의 농경문화 전통에서 기인한다고 볼 수 있다. 농사라는 것은 혼자만의 힘보다는 가족 혹은 집단 간의 협동을 통해야만 하는 먹을거리 산업이기 때문에 무엇보다도 집안에서는 부모와 자식, 형제, 부부의 관계를 집을 나서서는 벗이나 위아래 사람 간의 원만한 인간관계가 중시되지 않을 수 없는 것이다. 여기에서 말하는 원만한 인간관계란 바로 구성원간의 질서를 잘 지키도록 하는 것이 핵심이며, 그러한 질서를 유지하게 하는 도덕적 품덕이 바로 예인 것이다.

다음으로 정치를 펴는 수단은 무엇으로써 하는가에 대하여 공자는 다음과 같이 말하였다.

> 선생님께서, "이끌기를 법령으로써 하고, 가지런히 하기를 형벌로써 하면 백성들은 형벌을 면하여서도 부끄러워함은 없을 것이다. 이끌기를 덕으로써 하고, 가지런히 하기를 예로써 하면 백성들은 부끄러워할 줄 알며 옳은 데로 나아갈 것이다."라고 하셨다.(子曰: "道之以政, 齊之以刑, 民免而無恥. 道之以德, 齊之以禮, 有恥且格."『論語·爲政』)

공자는 백성을 이끄는 정치는 반드시 덕과 예로써 펴야 한다고 하였다. 오늘날 나라를 다스리는 데에 법률과 형벌이 없다면 나라꼴이 과연 제대로 갖추어질까? 공자는 될 수 있다고 믿은 듯하다. 위정자가 덕과 예로써 다스리기만 하면 백성들은 스스로 옳은 데로 나아가게 되어 있다고 하니 말이다. 그러므로 백성들을 통치함에 있어서 법률과 형벌로서가 아니라 예와 덕으로써 백성 각자가 스스로 깨달을 수 있도록 이끌어 주는 것이 진정한 정치의 방도라고 여겼던 것이다. 그렇다면 여기에서 말하는 덕과 예는 무엇일까?

덕(德)자는 사거리를 뜻하는 두인 변 '彳', 바르다는 뜻의 '직(直)', 마음 '심(心)'자가 합하여 만들어진 글자이다. 곧 사람이 큰

거리에 서서 어디로 가야 옳은가를 궁리하는 형상이다. 덕이란 사회에서 올바르게 살아가고자 하는 마음의 자세를 말하는 것으로서 글자 자체에는 옳고 그름의 뜻을 본디부터 가지고 있는 글자가 아니다. 오늘날 우리가 쓰는 말 가운데, '악덕(惡德)'이라는 말에서도 보듯이 악덕이란 나쁜 삶의 자세를 말하는 것에서도 알 수 있다.

우리들은 흔히 덕이란 마음씨 좋고 여유로운 삶의 태도를 일컬어서 덕이 있다고들 한다. 그 이유는 공자가 위에서 말한 것처럼 유가(儒家)에서는 너그럽게 남을 이해하고 용서하려는 삶의 자세를 중시하였기 때문에 그렇게 고정되어 버린 것일 뿐이다. 만약에 우리 사회가 기독교의 영향 아래에서 발전하였다면 아마도 기독교에서 말하는 전지전능하신 하느님을 신봉하는 가운데 이웃에 사랑과 봉사하는 삶의 태도가 바로 덕스러운 것이라고 말하였을 것이고, 혹 도가(道家) 전통의 사회를 살았다면 무위자연(無爲自然)의 이치를 몸소 실천하는 삶을 덕(德)이 있다고 여겼을 것이다.

이것과 더불어 예(禮)를 안다고 하는 것은 바로 당시 춘추시대가 각 제후국들의 패권다툼으로 인해 피폐해진 사회 속에서 각자 제자리를 잘 지키며 남을 넘보지 말아야 한다는 의식을 담고 있다.

예(禮)자는 본디 제사지내기 위하여 무언가를 신에게 보인다는 뜻의 '시(示)'자와, 바구니에 제물을 가득 담아 제기에 올려놓았다는 뜻의 '풍(豊)'자가 합해져 있다고 하였듯이, '예(禮)'란 풍성하게 제물을 차려 놓고 제사를 올리는 것을 그린 것이다. 그러한 제사 의식이었던 예가 인간사회의 질서규범으로 확립되었던 것인데, 이만큼 예는 바로 고대 중국의 종법(宗法)사회에서 한 집안이나 나라에서 혼란을 막는 도덕적 품덕을 말하는 것으로 곧 질서라는 뜻이다. 이것은 봉건제를 채택했던 주(周)나라에 차츰 봉건질서가 흐트러지면서 사회가 문란해지고 각자 처하거나 맡은 바의 임무를 접어둔 채 질서를 어지럽게 하던 사회 풍조를 바로 잡기 위한 역할을 부여하기 위해서 개념이 변화되었다고 할 수 있다.

2. 맹자의 정치사상

전국시대(戰國時代) 제자백가(諸子百家)의 한 사람이었던 맹자는 여러 모로 공자의 뒤를 밟은 이였다. BC 320년경부터 약 15년 동안 각 나라를 유세하고 돌아다니며, 당시 왕들에게 도덕정치(道德政治)를 펼 것을 주장하였으나, 끝내 어떤 제후도 인정해 주지 않자, 고향에 은거하여 저술과 교육에 힘썼다. 제후들이 원하는 것은 부국강병(富國强兵)과 외교적인 책략이었는데, 맹자가 주장한 도덕중심의 왕도(王道)정치는 당시 제후들에게는 너무 이상적이라고 여겨졌기 때문이다.

『맹자』에는 특히 정치에 대한 이야기가 많은데, 그 요체는 백성의 행복이 무엇보다 우선되어야 한다는 주장이다. 통치자가 사랑[仁]과 정의[義]로 나라를 다스리지 않을 때는 천명(天命)이 그에게서 물러난 것이므로 그런 통치자는 마땅히 제거되어야 한다는 이른바 역성혁명(易姓革命)을 긍정한 대목이 매우 급진적인 논의 주장이라고 할 수 있다.

맹자는 왕도정치를 하기 위해서는 왕 된 자는 백성들에 대하여 차마 하지 못하는 마음을 갖는 것이 중요하다고 하였다. 사람은 남에게 차마 하지 못하는 마음을 가지고 있는데, 선왕(先王)들도 남에게 차마 하지 못하는 마음을 가지고 있어서 백성들에게 차마 하지 못하는 정사를 펴신 것이고, 이처럼 백성들에게 차마 하지 못하는 마음으로 차마 하지 못하는 정치를 펴면 세상을 다스리는 것이 마치 손바닥 위에서 부리듯이 마음대로 움직일 수 있다는 것이다. 이것을 '불인지심(不忍之心)'이라고 한다. 이 불인지심이란 한자어 가운데 참으로 독특하게 우리말로 변형된 말 가운데 하나이다. 직역을 하면 '참지 않는 마음'인데, 이것은 어떤 일에 참지 못하고 불끈불끈 성낸다는 의미가 아니라 세상의 부조리나 남의 불행을 보고 참지 못한다는 의미로 '차마 하지 못하는 마음'이라고 해석한다. 이러한 마음을 인간 누구나 가지고 있다고 한 것이 그가 말한 성선설(性善說)의 기초가 되는 것으로서 불인지심은 곧 남의 고통이나 어려움을 차마 그냥 보아 넘길 수 없는 마음으로 왕 된 자가 가져야 할 기본적인 마음이라는 것이다. 아울러서 이를 실천하는 이야말로 맹자가 말한 왕도(王道)를 실현하는 이라는 것이다. 그런데 이와 반대로 "힘으로써 인(仁)을 가장하려는 이는 패자(覇者)이다. …힘으로써 남을 복종시키는 것은 마음으로 복종하는 것이 아니라, 힘이 부족해서이다. 덕으로써 남을 복종시키는 것은 마음 속으로 기뻐하여 참으로 복종하는 것이다.(以力假仁者 霸, …以力服人者, 非心服也. 力不贍也. 以德服人者, 中心悅而誠服也.)"라고 하였으니, 맹자는 왕도와 패도로 나누어 왕다운 왕과 그렇지 못한 왕을 구별하였다.

그리고 왕도와 패도는 단지 왕이 백성을 어찌 다스리는가 하는 그 자체보다는 그러한 정치행위가 백성들을 위한 정치 즉 민본주의(民本主義)를 지향하는 것이 왕도정치이며, 패도정치는 왕의 개인적인 욕심과 명예만을 위한 정치행위라고 정의하였다. 맹자 정치사상이 백성을 근본으로 삼는 민본주의(民本主義)라고 하는데,

> 백성의 윗사람이 되어서 백성과 즐거움을 함께 하지 않는 것 역시 잘못이다. 백성들의 즐거움을 즐기는 이는, 백성들 역시 임금이 즐기는 것을 즐깁니다. 백성들의 걱정을 걱정하는 이는 백성들 또한 임금의 걱정을 걱정합니다. 즐기기를 온 세상으로 하고, 걱정하기를 온 세상으로써 하는데도 왕 노릇 못한 이는 아직 없습니다.(爲民上而不與民同樂者, 亦非也. 樂民之樂者, 民亦樂其樂. 憂民之憂者, 民亦憂其憂. 樂以天下, 憂以天下, 然而不王者, 未之有也.『孟子·梁惠王下』)

라고 하였으니, 이것이 바로 맹자 민본사상(民本思想)의 실천 방안이랄 수 있는 여민동락(與民同樂)을 말한 것이다. 왕 된 자는 백성에 대하여 마치 어버이와 같고 백성은 임금을 제 부모와 같은 존재로 여기게 된다면, 임금과 신하 사이의 도덕 규율인 정의(正義) 이외에 부모자식 간의 친애(親愛)로 나라를 다스려 나아가게 될 것이니 어느 누구인들 왕 노릇 못하는 이가 있겠냐고 강조한다.

이에 덧붙여서 맹자는 "백성이 가장 귀하며, 조정이 그 다음이며, 임금이 가장 가볍다.(民爲貴, 社稷次之, 君爲輕.)"라고 하였고, 거꾸로 "임금이 신하를 흙이나 쓰레기처럼 하찮게 본다면, 신하는 임금을 원수 보듯이 할 것이다.(君之視臣如土芥, 則臣視君如寇讐.)"라고 한 것처럼, 임금은 백성을 받드는 정치를 해야 한다고 했다.

이것이 공자가 말한 사랑의 정치인데, 공자가 살았던 춘추시대만 하더라도 주(周) 왕실이 쇠하였다고 하지만, 제후 가운데 실질

적인 패권을 잡은 이는 명분상 왕을 섬기고 부도덕한 자를 물리친다는 뜻에서 '존왕양이(尊王攘夷)'를 구호로 삼아 어찌 되었든지 간에 명분과 도리를 중시하는 정치를 행하였었는데, 맹자의 전국시대에는 제후들이 공공연하게 함부로 왕(王)이라 칭하며 전횡을 저지르던 때였다. 그러니 각 제후들은 사사로운 욕심과 명예를 위해서 전쟁을 일으키고 백성들을 착취하는 폭정을 일삼았던 것이다. 그런 가운데 맹자는 왕이라고 하는 이는 누구보다도 백성을 위할 줄 아는 정치를 해야만 한다고 했으니, 맹자의 호연지기(浩然之氣)를 실천하자 했던 꿋꿋함을 여기에서 잘 살필 수 있다.

그렇지만 당시 제후들이 대개 그러하였지만, 맹자가 말한 왕다운 정치로서 왕도정치(王道政治)를 실천하지 않고 패권의 확대에만 여념이 없는 왕이 있다면 어찌 해야 하는가라는 질문에 맹자는 단호하게 그렇게 하지 않으면 뒤집어야 한다고 하여 혁명(革命)을 인정하였다.

제 선왕이 "탕왕(湯王)이 걸왕(桀王)을 몰아내고, 무왕(武王)이 주왕(紂王)을 정벌하였다고 하는데 그런 일이 있었습니까?"라고 물었다. 맹자께서 "기록에 있습니다."라고 대답하셨다. "신하가 임금을 시해하는 것이 됩니까?"라고 물었다. "인(仁)을 해치는 자를 도적이라 하고, 의(義)를 해치는 이를 잔(殘)이라고 하는데, 잔적(殘賊)한 이는 '한 사내'라고 하는 것입니다. 한 사내 주(紂)를 처치하였다는 말은 들었으나, 임금을 시해했다는 말은 듣지 못했습니다."라고 대답하셨다.(齊宣王問曰, 湯放桀, 武王伐紂, 有諸. 孟子對曰, 於傳有之. 曰, 臣弑其君可乎. 曰, 賊仁者謂之賊, 賊義者謂之殘. 殘賊之人謂之一夫. 聞誅一夫紂矣. 未聞弑君也.『孟子・梁惠王下』)

이것이 사랑과 정의를 실천하지 못하는 임금은 내쫓아야 한다는 맹자의 혁명사상이다. 왕 된 자가 하늘을 대신해서 정치를 편다는데, 누가 감히 그의 정치의 잘잘못을 따지겠는가? 게다가 당시 중국은 지배와 피지배계층의 구분이 엄연히 존재해 있던 때이지만, 부덕한 왕은 당연히 자리에서 몰아내야 한다고 했던 것이다.

왕 된 자가 하늘의 명을 받아 이 땅에 군림하는 이라고 한다면 하늘의 뜻이요 명령인 천명(天命)을 대신 편다는 뜻에서 왕은 천자(天子)의 책무를 다해야 하는 것인데, 그 천자가 자신의 직무를 외면한다면 당연히 하늘은 그를 폐하고 다른 이를 대신 세워야 하는 것이 바로 유가의 천명(天命)사상이다.

그렇다면 천명의 진정한 뜻이 어떤 것이며, 누구에게 있는지를 과연 어떻게 아는 것일까? 바로 백성들이 그 임금에 대해서 등을 돌렸다면 그 임금은 천명을 잃은 것이며, 백성의 마음이 쏠리는 곳에 바로 천명이 정해졌다고 하겠는데, 맹자는 그를 하늘의 관리라는 뜻으로 '천리(天吏)'라고 했다.

그렇다고 해서 누구나 혁명을 일으키라는 것이 아니다. 「만장하(萬章下)」편에서 "임금이 잘못하면 간언을 하고, 거듭 하였는데도 듣지 않으면, 자리에서 폐한다.(君有大過則諫, 反覆之而不聽, 則易位.)"라고 하였듯이 임금에게 간언을 하는 것이 우선이며, 임금을 몰아내는 주체는 반드시 천리(天吏)여야 한다고 했다. 그래서 "심동이 연나라를 쳐도 되겠냐고 묻기에, 내가 '된다'고 대답했더니, 그가 그렇다고 여겨서 공격했다. 그가 만약에 '누가 쳐야 되겠습니까?'고 물었다면 나는 '천리(天吏)가 칠 수 있다'라고 했을 것이다.(沈同問燕可伐與. 吾應之曰可. 彼然而伐之也. 彼如曰, 孰可以伐之, 則將應之, 曰爲天吏則可以伐之.)"라고 했듯이, 누구나 군대를 일으켜 임금을 치는 것이 아니라 백성들의 마음을 충분히 얻은 다음 혁명이 가능한 것이라고 했으니, 혁명이란 함부로 가벼이 벌일 일이 아니라고 했다. 그렇지만 어느 시대든지 누가 진정한 천리인지 아닌지는 혁명의 결과가 정해주기 마련이니, 이 또한 쉽게 가눌 수 있는 문제가 아닌 듯하다.

여기에서 공자를 계승하였다고 스스로 자처한 맹자의 글들을 읽다 보면 맹자는 공자와 참으로 다른 면모를 토인다. 공자가 한 인간으로서 지녀야 할 덕목을 넌지시 여유롭게 제시하여 스스로 올바른 길을 깨닫도록 하는 데 비하여 맹자는 기세 좋게 자신의 논의 주장을 펴곤 한다. 특히 그의 정치사상 가운데 당시 서슬이 퍼렇던 전제 왕권시대에 혁명을 긍정하는 말을 서슴없이 했다는 점에서 더욱 그렇다.

오늘날 개명한 민주주의 사회에서도 나라의 최고 정권담당자에게 어떤 정책에 대하여 그것이 옳지 못한 점을 들어서 말한다는 것은 좀처럼 쉬운 일이 아니다. 그러나 호연지기(浩然之氣)에 충만했던 맹자는 왕이나 제자들과의 대화 속에서 능수능란하게 비유를 든 우언(寓言)의 형식을 빌어 자유로이 구사하였다. 그래서 맹자의 주장이 때로는 좀 억지인 듯한 느낌도 받지만, 공자가 자신의 주의와 주장을 펴면서 살짝 실마리만 던져주고 마는 스타일인 것에 비하여 맹자는 늘 나름의 비유와 논리를 동원하여 상대방을 압도하곤 한다. 오늘날 이것들을 우언(寓言)이라 하여 자신이 직접 대놓고 말하기는 조심스러운 것을 우회하여 말하는 수법이라 한다. 맹자는 이러한 수사적 기법을 통해서 당시 위정자들의 거짓된 욕심과 야망을 통렬히 꼬집고 있다.

맹자의 우언 가운데에서 '오십보백보(五十步百步)'라는 이야기가 있다. 오늘날 흔히 '그게 그거다'는 의미에서 다 마찬가지이니 별 다를 것이 없다는 뜻으로 쓰이는 말인데, 이것은 맹자가 당시 왕의 옳지 못한 정치를 꼬집어서 말한 것이다. 전투를 하던 병사가 문득 갑옷과 무기를 버리고 질질 끌며 도망가다가 보니까, 어떤 녀석은 100보를 가다가 멈추었고, 어떤 녀석은 50보를 가다가 멈추어 섰는데, 50보 간 녀석이 100보 간 녀석을 비웃는다면 어떻게 다스리겠느냐고 왕에게 묻자, 왕은 이 병사 둘이 모두 도망친 것이니, 둘 다 처벌해야 한다고 했다. 왕은 이처럼 명백하게 잘못한 백성에게 단호한 벌을 내릴 줄 알면서 정작 임금이 정치를 제대로 못하여 백성을 죽이게 되는 것이 된다면 이것은 마치 몽둥이로 사람을 때려죽이는 것과 아무런 차이가 없다고 하여 왕의 실정을 깨우치기 위해서 한 말이다.

이 밖에도 벼 싹이 자라지 못하는 것을 안타깝게 여겨 벼가 잘 자라게 해준다며 억지로 벼를 잡아당겨서 결국 다 죽였다는 이야기인 '알묘조장(揠苗助長)'이나 물고기를 잡으러 산으로 올라가는 어리석은 청년의 예를 든 '연목구어(緣木求魚)' 같은 고사를 통해서 맹자가 보기에 당시 부국강병에만 몰두하는 임금들에게 해주고 싶은 절실한 충고의 한 마디라고 할 수 있다. 전쟁을 통해 겪어야 할 고통은 모두 백성들의 몫이 되며, 그것이 성공적이든 아니든 간에 전쟁을 통해서 치러야 하는 대가는 모두 백성들에게 피해가 가기 때문이다.

그렇다면 맹자는 왕을 만난 자리에서 이처럼 과격하다고 할 이야기를 정말 한 것일까 종종 의심을 가질 수도 있다. 왜냐하면 전국시대라고 한다면 왕의 절대 권력이 인정되던 잔혹한 시대였고 맹자가 당시 사회적으로 명망이 있는 선생으로 이름이 높았다고 하지만, 어찌 되었거나 일개 평민 신분이나 다름없는 선생에 불과한 형편이었는데, 정말 그토록 자신 있게 왕에게 직언을 할 수 있었을까?

3. 군자의 진정한 세 가지 즐거움(?)

맹자가 평소 하던 말 가운데 군자삼락(君子三樂) 즉 군자 된 이의 세 가지 즐거움이라는 말이 있다. 그 내용은 다음과 같다.

> 군자에게는 세 가지 즐거움이 있는데, 세상에 왕 노릇 하는 것은 거기에 있지 않다. 부모 모두 살아 계시고, 형제들이 아무 탈이 없는 것이 한 가지 즐거움이다. 우러러 하늘에 부끄럽지 않고, 굽어보아 세상 사람들에게 부끄럽지 않은 것이 둘째 즐거움이다. 세상의 훌륭한 인재를 얻어서 그들을 가르치는 것이 셋째 즐거움이다. 군자에게는 세 가지 즐거움이 있는데, 세상에 왕노릇 하는 것은 거기에 있지 않다.(君子有三樂, 而王天下不與存焉. 父母俱存, 兄弟無故一樂也. 仰不愧於天, 俯不怍於人, 二樂也. 得天下英才而敎育之, 三樂也. 君子有三樂, 而王天下不與存焉.)

라고 한 것이 있는데, 이 글로만 보면 맹자는 사회 정치에 참여하는 것에는 전혀 관심을 두지 않았던 것처럼 보이지만, 실제로 그렇지 않다. 그의 윗글에서도 정치에 참여하고자 하지 않는다는 말을 두 번이나 한 것 역시 반어적인 뜻에서 한 말이라고 봐야 한다. 유가는 어디까지나 현실참여를 통한 백성의 구원을 목표로 하기 때문이다.

게다가 맹자는 「공손추하(公孫丑下)」편에서 "만약에 세상을 바르게 다스리고자 한다면, 오늘날 나를 버려두고 그 누구이겠는가. (如欲平治天下, 當今之世, 舍我其誰也.)"라고 하였듯이, 맹자에게 현실정치에 참여하고픈 의욕과 자부심이 얼마나 컸는지를 알 수 있다.

그런데 위에서 맹자는 가족이 평안한 것이 인생 즐거움의 대부분인 것처럼 말하였는데, 맹자는 어째서 가족에 대한 사랑을 이렇듯 중시했을까? 공자를 계승하였다고 스스로 자처한 맹자는 그 때문에라도 성인에 버금간다는 뜻에서 '아성(亞聖)'이라고 불린다. 공자는 귀족의 후손이라고 하지만 몰락한 집안이었고, 그나마 아버지가 노년에 어머니를 만나 공자를 낳았기 때문에 일찍이 죽었는데, 맹자는 아예 집안은 물론 출생에 관해서도 거의 알려져 있지 못할 만큼 변변치 못한 가정에서 아버지 없이(?) 홀어머니 밑에서 보내야 했으며, 별다른 배경이 없이 당시 유력한 사상가로 성장했다는 점에서 공자와 맹자는 매우 유사한 점이 있다. 이렇듯 공자나 맹자가 공통적으로 가정에 대한 일종의 콤플렉스를 태생적으로 지닌채 살았던 것이 아닌가 한다. 그래서도 공맹(孔孟)의 유가사상은 특히 가족 간의 사랑을 바탕으로 하여 사회로 미루어 나아갈 것을 강조했던 이유가 아닌가 싶다.

제9강

백성은 모름지기 배가 불러야

1. 공자—깨끗한 부자를 위하여

　인간에게 있어서 정치와 경제 가운데 보다 더 중요한 것은 무엇일까? 정치적인 민주화 혹은 경제적인 풍요로움 가운데 우선해야할 것이 무엇인지를 묻는다면 여러분들은 각각 무슨 대답을 할까? 이것은 지난번 우리나라에서 실시된 대통령 선거의 이슈이기도 했다. 그런데 우리에게 불행했던 것은 각각의 선택사항 앞에 한 마디씩이 더 붙어 있었다는 것이다. 무능한 정치적 민주화 혹은 부패한 경제적인 풍요로움이라고… 몇몇 전문가들은 지난번 선거를 두고 평가하기를, 사람들이 이번 정부를 정치적인 민주화 방면에서는 그나마 평가를 좀 해주었으나, 경제적인 방면에서는 영 아니었다고 여긴 결과라고도 한다. 이번 정부에 거는 기대로는, 좀 부정하고 부패한 측면이 있다고 하지만, 그래도 먹고 사는 방면에서는 좀 나아지지 않겠나 하는 희망이 반영된 선택이었다고도 한다.

우리나라는 지난 60년대 이후 여러 정치적인 격변을 겪는 와중에서도 산업화에 박차를 가하면서 정치적인 민주화는 좀 접어두고 경제적인 성장에만 매진했다가 80년대 중반 이후에야 정치적인 민주화의 열매가 하나둘씩 결실을 보기 시작했다고 할 수 있다. 그랬더니만 97년 말에는 경제적인 위기상황을 맞게 되어서 결국 IMF 구제금융을 받지 않으면 안 되는 처참한 상황에 몰리기까지 하였다. 그리고는 어영부영 10년의 세월이 흘러 지금의 이 자리에까지 왔다.

그간 반세기 동안 우리나라의 경험을 비추어 보더라도 정치와 경제는 마치 수레의 양쪽 바퀴처럼, 혹은 새의 양쪽 날개처럼 균형을 이루지 않으면 안 된다는 것을 깨닫게 되었다. 정경유착(政經癒着)이 있어서는 안 되지만, 정치와 경제는 마치 유기체처럼 서로 맞물려 돌아가야만 하는 생명체와도 같은 존재라는 것을 깨닫게 되었던 것이다. 지금 우리가 흔히 선진국이라고 부르는 나라들의 면면을 보면 정치적으로 민주화하지 않은 채 경제적인 발전을 이룬 나라는 아마도 없는 듯하다. 세계적인 경기 불황 속에서 이번 정부는 경제적인 성장을 꾀하는 방면에 집중하려고 한다. 그런데 정치와 경제에 관하여 문외한인 내가 보기에도 그간 이루어 놓은 정치적인 방면에서의 여러 실적들을 한꺼번에 무너뜨리려는 시도가 진행 중이 아닌가 하는 우려가 있다. 어쨌거나 이번 새 정부의 평가는 시간이 지나면 자연스레 이루어질 것이니 좀 기다려 볼 일이다.

다시 어리석은 질문으로 돌아가서 사람들은 그래도 경제적인 방면의 문제를 보다 중시하는 경향이 있는 듯하다. 우리말에서 '잘 먹고 잘 산다'는 말을 흔히 한다. '잘 먹는 일'이 경제적인 측면에서 말한 것이라면 '잘 사는 일'은 아마도 정치적인 측면에서 말한 것 같다. 그러니 우리들은 알게 모르게 잘 먹는 일에 보다 치중하고 있었음을 느낄 수 있다. 이 밖에도 우리들은 흔히 "먹고 살자고 하는 짓인데…"라고 말하곤 한다. 배가 부른 것에 대한 욕구가 그만큼 강한 것을 대변해 주는 말이 아닌가 싶다.

중국에서도 시대와 학파를 막론하고 특히나 일반 백성들에게는 더더욱 먹는 문제가 중요했다고 할 수 있다. 이번에는 공자와 맹자의 논의 주장 가운데 경제에 관련한 말씀들을 뽑아서 유가의 경제관을 살펴보도록 하자.

유가의 전통사회에서 흔히 사회적 신분의 등급을 나누어서 말할 때, 사농공상(士農工商)이라고 하여 상업에 종사하는 이를 가장 낮게 여기는 경향이 있다. 사농공상이라는 말이 생긴 것은 공자의 시대가 아니다. 유학이 관념론에 빠지기 시작한 송(宋)대 이후이다. 그런데 공자는 공부하는 것을 가장 중시하였으니, 학문에 정진하는 것을 주요 임무로 하는 사(士)계층을 가장 앞에 두었으며, 상대적으로 이익을 추구하는 것을 업으로 하는 상인(商人)이 떳떳치 못한 계급이 되어 버렸던 것이다.

그렇다면 과연 공자는 이익을 추구하는 부자가 되지 말라고 했을까? 아니다. 다음의 글들을 보면서 공자는 부자가 되는 것을 어찌 여겼는지 살펴보고자 한다. 공자는 『논어』에서 선비가 추구해야 하는 덕목인 '정의(正義)'와 세상에서 흔히 추구하는 '이익(利益)'과 관련하여 몇 차례 언급한 것이 있다.

정의를 보고도 실천하지 않는 것은 용기가 없는 것이다.(見義不爲, 無勇也.)『論語·爲政』

이익 됨을 보고는 바른가를 생각하고, 위태로움을 보고는 목숨을 바친다.(見利思義, 見危授命.)『論語·憲問』

공자는 한 마디로 부자가 되기보다는 정의로워지기를 추구해야 한다고 했다. 그렇다면 공자가 생각한 정의란 무엇일까? 의(義)자는 본디 도끼의 뜻인 '아(我)'와 희생(犧牲)의 뜻인 '양(羊)'이 결합한 형태로서 신에게 제물을 올려 신의 뜻에 거스르지 않는다는 것이라고도 하고, 『설문해자(說文解字)』에서는 '자신의 위엄(己之威儀)'이라는 뜻으로 풀었다. 이 둘을 아울러서 풀어보면, 정의란 하늘의 뜻을 세상에 펴는 '위엄이 있는 왕'이라는 뜻이 된다. 그러니 앞에서 임금 왕(王)자가 도끼를 형상화한 '힘이 있는 자'라고 하였듯이 옛날이나 지금이나 정의라는 것은 힘 있는 자의 전유물이었던 듯하다. 정의의 어원이 이러하듯이, 모든 일에 비합리적이며 무리한 것에 대해서는 인정하지 않던 공자가 무엇인가를 억지로 이루려는 것에 대하여 인정한 것은 아니라고 해야겠다.

공자는 사랑[仁]과 정의[義]의 실천을 중시했다. 그러므로 정의를 보고도 실천하지 않는 것에 대하여 용기 없는 일이라고 한 것은 참으로 당연한 말씀이라고 볼 수 있다. 그래서 자신의 희생을 통한 인의 실현을 말한 살신성인(殺身成仁)이야말로 최고의 품덕인 것이며, 「이인(里人)」편에서는 "군자는 의(義)에 밝고, 소인은 이(利)에 밝다.(君子喩於義, 小人喩於利.)"라고 한 것도 이같은 취지에서 밝힌 것이다.

그렇다면 이 사랑과 정의의 실천에 상반되는 이(利)의 추구에 대해서는 당연히 물리쳐야 한다고 여겼을 것이라고 짐작할 수도 있기만, 완전히 그런 것만은 아니다. "이익 됨을 보고는 그것이 바른가를 생각해야 한다."라고 한 것에서 바로 정의로운 이(利)도 있다는 것을 인정한 셈이다. 즉 정당한 이익에 대해서는 얼마든지 취할 수 있는 것임을 밝힌 것이기도 한다. 다만 이익이란 『설문해자』에서 "조화로운 다음에 이롭다.(和然後利.)"라고 하였고, 『주역(周易)』에서도 이익은 정의로움이 잘 어우러진 것으로부터 말미암는 것이라고 하였듯이, 이익이 무조건 부정적인 것만은 결코 아니라는 뜻이다. 가난을 구제하는 것도 물질적인 이익을 통해서 사회를 구원하는 나름의 큰 몫을 다하는 것이 될 수 있기도 하기 때문이다.

　　공자는 부자가 되는 것과 상대적으로 오늘날 우리가 흔히 물질적으로 가난하다고 여기는 것에 대하여는 구체적으로 어떤 생각을 가졌던 것일까? 공자는 『논어·술이(述而)』편에서

　　　　공자께서 "거친 밥을 먹고, 물을 마시며, 팔을 굽혀 베더라도, 즐거움이 역시 그 가운데에 있다. 옳지 못하면서 부귀한 것은, 내게 있어서 뜬구름과도 같은 것이다."라고 하셨다.(子曰: "飯疏食, 飮水, 曲肱而枕之, 樂亦在其中矣. 不義而富且貴, 於我如浮雲.")

　　라고 하였으니, 공자가 이런 말을 한 것을 보면 거짓말을 하지 않고 욕심 부리지 않는 평안한 삶을 추구하였구나 하는 느낌이 든다. 아무런 부조리나 사사로운 욕심에 얽매이지 않고 살아가려는 삶의 태도에서 모두들 수단 방법을 가리지 않고 부귀의 길로 냅다

달려 나아가려고만 했던 자신을 돌아보게 되는 계기라도 삼을 수 있는 것이 아닌가 한다. 이렇듯 흔히 공자의 유가사상이 안빈낙도(安貧樂道)나 청빈(淸貧)의 삶을 지향했다고 여겨서, 오늘날과 같은 물질만능의 자본주의 사회에서 소박한 인간애를 내던지고 더더욱 물질만능의 폐해 속에 빠져드는 것을 경계하면서 공자의 말씀을 되새기곤 하지만, 공자가 반드시 물질을 부정적으로만 본 것이 아니다. 오늘날 우리들에게도 귀감이 될 수 있는 정의로운 부자라는 의미에서 '청부(淸富)'의 개념을 일깨워 주었다고 할 수 있다.

공자는 「학이(學而)」편에서

> 자공이 "가난하면서 아첨하지 않고 부자이면서 교만하지 않은 것이 어떻습니까?"라고 여쭙자, 공자는 "괜찮기는 하지만, 가난하지만 즐길 줄 알고 부자이면서도 예를 좋아하는 것만은 못하다."라고 하셨다.(子貢曰, 貧而無諂, 富而無驕, 何如? 子曰, 可也. 未若貧而樂, 富而好禮者也.)

라고 한 것에서 알 수 있듯이, 가난한 이와 부자가 어떤 삶의 자세를 가져야 하는가를 밝히고 있다. 가난하다면 비굴해지기 쉬우니 아첨하지 말 것이며, 부자라면 거들먹거리기 쉬우니 그로 인해서 교만을 부리지 말라는 것이다. 공자에게 있어서는 가난하다거나 부자이거나 하는 것이 중요한 것이 아니며, 가난하다면 그렇듯 가난하게 된 것에 대하여 기꺼이 받아들일 줄 알아서 가난하지만 세상의 바른 도를 즐길 줄 알아야 한다고 한 것이지 그냥 내내 가난하기만 하라는 뜻이 아니며, 다만 그 가난을 벗어나기 위해서 부정한 방법을 통하지 말라는 말이다. 만약에 자신이 부자라면 역시 예를 잘 실천하여 자신의 직분을 잘 지킬 줄 알아야 한다는 것이

다. 그러므로 공자는 단순히 부자가 되라고 한 것이 아니다. 또 공자는 「술이(述而)」편에서도

> 부자 되는 것이 애써서 될 수 있는 것이라면, 나는 채찍을 잡고 수레를 모는 자라도 나 역시 그것을 하겠지만, 만약에 추구할 수 없는 것이라면 내가 좋아하는 것을 따르겠다.(富而可求也. 雖執鞭之士. 吾亦爲之. 如不可求, 從吾所好.)

라고 하였듯이, 공자 스스로는 부귀한 삶을 추구하기보다는 정의로운 삶을 택하겠다고 하였다. 즉 올바른 방법을 통해서 가능한 것이라면 몰라도 옳지 못한 방법을 통해서 부자가 되는 것은 진작 접어두고자 했던 것이다.

> 선생님께서 위나라에 가셨는데, 염유가 수레를 몰았다. 선생님께서 "많기도 하구나!"라고 하셨다. 염유가 "이미 백성이 많으면 또 무엇을 보태야겠습니까?"라고 하니, "부유하게 해주어야 한다."라고 하셨다. "이미 부유하다면 또 무엇을 보태야겠습니까?"라고 하니, "가르쳐야 한다."라고 하셨다.
> (子適衛, 冉有僕. 子曰: "庶矣哉!" 冉有曰: "旣庶矣. 又何加焉?" 曰: "富之." 曰: "旣富矣, 又何加焉?" 曰: "敎之."『論語·子路』)

여기에서 공자는 스스로와 제자들에게는 인간다운 면모의 발현을 위해서는 반드시 항상 학습해야 할 것을 강조하였지만, 그렇더라도 위정자들의 보통 백성들에 대한 첫째 임무는 역시 먹고살게 해주어야 하는 것이 최우선임을 밝힌 것이라고 할 수 있다. 이것은 공자가 현실적인 삶을 중시한 것을 반영한 것이기도 한다. 인간이 굶고서야 아무것도 할 수 없듯이, 배가 부른 다음에야 백성

을 짐승과는 다르게 하는 수단인 교육을 통해서 사람다운 실마리를 계발해야 한다고 한 것이다.

그렇다면 우리 같은 평범한 사람들이 정의로우면서 부자가 되는 일이 가능할까? 한 푼이라도 더 챙겨서 내 배 불리고 등 따습게 안락한 생활을 추구하려는 것이 우리네 보통 삶이 아닌가? 공자는 이러한 사정까지도 일찍이 살펴서 일러주었던 것인데, 오늘날 우리들은 지나치게 공자의 드높은 경지를 흉내 내려 하거나 넘보려고 애쓰거나 아예 처음부터 포기하는 것이 아닌가 싶다.

공자는 부자가 되는 일에 대하여 한 마디로 '정의로운 부자'를 추구해야 한다고 했지만, 그것이 안 되는 바에야 부자보다는 차라리 정의를 선택한 것으로 볼 수 있다. 그렇기 때문에 유가에서는 대체로 이윤의 추구보다는 정의의 실현을 강조했던 것인데, 이후 유가가 '에헴' 하는 봉건예교의 관념론에 빠지면서 더더욱 물질보다는 이상적인 정신세계를 추구할 것을 강조하다 보니, 마음으로는 누구나 물질적인 풍요로움을 즐기려고 하면서도 겉으로는 물질을 지나치게 금기시하는 폐단을 낳았다고 할 수 있다.

그렇다면 이 둘을 함께 아우른 정의로운 부자가 진정 가능하지 않은 것일까? 앞서 정치적인 민주화가 실현되지 않는 한 경제적인 성공 역시 절대 얻을 수 없다고 한 것처럼, 우리가 흔히 알고 있는 경제적인 선진국들이 대체로 정치적인 민주화를 구현하고 있듯이, 그리고 우리나라의 지난 반세기를 들러 보아도 알 수 있듯이, '정의로운 부자는 과연 가능할까'가 아니라 '정의로워야만 부자가 될 수 있는 것'이 지난 세월의 경험을 통해서 증명된 것이 아닌가 한다. 우리말에 돈 버는 일에 관하여 흔히 하는 말 가운데 개같이 벌어서 정승처럼 쓴다는 말이 있기도 하지만, 여기에서 개같이 번다는 것이 온갖 부정의 수단을 동원하여서 닥치는 대로 부자가 되라는 뜻은 아니다. 마치 목숨을 바칠 만큼 최선을 다해서 부자가될 수 있으면 되지만, 그 돈을 사용하는 데에는 정승처럼 품위를지킬 줄도 알아야 한다는 뜻이다.

우리가 IMF 이전 한창 부자의 길로 매진하는 것을 보고 세계여러 나라에서 아시아의 4마리 용이네 어떠네 하면서 치켜세우고는 그 원인을 분석하기를 4마리 용들의 경제적인 성공은 유가(儒家)의 가부장적 가족주의 회사경영 때문이라고 평가했다. 그런데막상 IMF 위기를 맞고 좌초해 있을 때에는 오히려 거꾸로 유가식가족경영의 폐단으로 합리적이고도 투명한 경영이 되지 못해서라고 진단하였는데, 그것 역시 유가사상의 폐단으로서 지연 혹은 혈연 등에 얽매여서 불합리하게 경제를 운용한 때문이라고 지적했다.

이것에서도 보지만 어느 것 하나가 완벽한 이념이나 주의는 없는 듯싶다. 다만 그것을 운영하는 주체인 인간에게 성공과 실패의관건이 달려 있지 않나 싶다.

2. 맹자의 경제관

공자가 이익보다는 정의를 우선해야 한다고 말했지만, 결국 위정자들의 백성에 대한 임무는 백성들을 먹여 살리는 정책을 펴야한다는 것인데, 이것은 역시 맹자 경제관의 요체이기도 하다. 경제에 관한 논의에 있어서 맹자는 공자에 비해서 논의주장이 좀 더 자세하며, 아래와 같이 상세한 정책과 방향을 제시하고 있다.

> 맹자께서 대답하시기를, "왕께서는 어째서 꼭 이익[利]을 말씀하십니까? 역시 인의(仁義)가 있을 따름입니다. …만일 의를 뒤로 하고 이(利)를 먼저 하면 빼앗지 않고는 만족하지 않을 것입니다. 어질면서 그 어버이를 버리는 이는 있지 않으며, 의로우면서 그 임금을 뒤로하는 이는 있지 않습니다."라고 하셨다.(孟子對曰: "王何必曰利, 亦有仁義而已矣. …苟爲後義而先利, 不奪不饜. 未有仁而遺其親者也. 未有義而後其君者也."『孟子 · 梁惠王上』)

위의 대목은 『맹자』 첫 장인 「양혜왕」편의 첫 구절에 나오는 것이다. 그만큼 맹자의 사상을 이해하는 중요한 단서가 되는 부문이라고 할 수 있다. 위의 글은 양혜왕이 맹자에게 "어르신께서 천리를 멀다 않으시고 오셨으니, 우리나라에 앞으로 이익 되는 일이 있겠습니까?(叟不遠千里而來, 亦將有以利吾國乎.)"라고 물은 것에 대한 맹자의 대답이다. 여기에서 이익이라는 뜻의 이익의 '리(利)'자를 분석해 보면, '벼 화(禾)'자와 '칼 도(刂)'자가 합쳐진 글자로서 가을날 수확 철이 되면 익은 벼를 칼로 베어내어 얻게 되는 것이란 뜻이다. 그러니 글자 자체의 뜻만 보면 역시 그다지 부정적인 의미를 담고 있는 것은 아니다. 이(利)가 나라와 백성을 먹여 살리는 수단이 되는 것이니 말이다. 그런데 양혜왕이 말하는 이(利)란 것은 당시 전국시대가 전란의 시대인 만큼 나라를 부강하게 하고 군대를 강하게 하는 것에 관한 것인데, 이렇듯 부국강병한 나라를 만들려고 하는 이유는 이웃 나라를 침략하여 땅을 더욱 넓히고 보다 많은 백성을 거느려 세상에 과시하려는 의도인 바에야

이 역시 나라를 위태롭게 하는 것이라고 맹자는 경고하는 것이다. 양혜왕의 탐욕스런 바람을 위해서 백성들은 보다 많은 세금을 내야하며 때마다 전쟁에 끌려가서 죽고 다쳐야 할 것이니 말이다. 이것은 남의 것을 빼앗지 않고는 만족하지 못하는 야수적인 성향이 인간에게 엄연히 존재한다는 것을 말한 것이기도 하며, 맹자는 인간에게 짐승과는 다른 품덕의 요소인 인의(仁義)를 가장 중요하다고 하였던 것만큼 인간다움을 지키기 위해서는 경제적인 이익보다는 인의를 갈고 닦아야 한다고 강조한 것이다.

공자는 정의의 실현과 함께 일반 백성들에 대한 경제적인 삶의 보장도 중요하였으면서도 정작 어찌 해야 되는지 구체적인 방법이나 정책을 제시해 주지는 않았다, 그러지만 맹자는 일반 백성들에게 있어서 정의의 실현을 위해서는 역시 최소한의 경제적인 여건이 되어야 가능하다고 하였다.

> 일정한 직업이 없으면서도 항상된 마음을 갖고 있는 이는 오로지 선비만이 할 수 있다. 백성들의 경우에는 일정한 직업이 없으면 항상된 마음이 없게 됩니다. 만일 항상된 마음이 없게 되면 방탕하고 사치스럽지 않음이 없게 될 뿐입니다. 죄에 빠진 다음에 따라가서 이들을 형벌로 다스린다면, 이것은 백성들을 그물질하는 것입니다.(無恒産而有恒心者, 惟士爲能. 若民則無恒産, 因無恒心, 苟無恒心, 放辟邪侈, 無不爲已. 及陷於罪, 然後從而刑之, 是罔民也.『孟子·梁惠王上』)

우리는 흔히 초심을 잃지 말라는 말을 하곤 한다. 이 말 역시 맹자가 성선설을 말한 것처럼, 인간의 본래 바탕은 누구나 다 선할 수 있는 자질을 가지고 태어난다고 하였는데, 주변의 환경과 학습을 통해서 각자 다른 품성을 갖게 되었다고 한 것처럼, 인간은 먹지 않으면 단 하루도 버티지 못하는 존재로서 먹는 문제는 결코 외면할 수 없는 것이다.

경제(經濟)라는 말의 본래 뜻은 경세제민(經世濟民)의 줄임말로서 나랏일을 다스린다는 경세(經世)와 백성들을 구제한다는 제민(濟民)이 합해져 만들어진 말이다. 그러므로 경제의 본래 의미는 오늘날의 '이코노미'보다는 정치에 가깝다고 할 수 있다. 이것 이외에도 근대화에 먼저 성공한 일본이 사회과학이나 자연과학과 같은 새로운 방면의 여러 용어들을 마구 지어내어서 쓰기 시작하여서 오늘날 새로이 굳어진 말이 많아 때론 혼란스럽기까지 하다. 하기야 백성들의 입장에서는 먹고사는 것이야말로 살아가는 데에 있어서 그 어느 것에 비할 데 없는 최상의 목표일 것이니, 정치에 있어서 경제가 가장 우선이라는 생각이 충분히 반영되었다고도 할 수 있을 것이다. 그래서 "백성은 먹는 것을 하늘로 여기며, 왕은 백성을 하늘로 여긴다.(民以食爲天, 王以民爲天.)"라는 말이 있는 것처럼, 백성들을 하늘로 여겨야 할 왕은 백성들이 하늘로 여기는 먹을 것을 보장해 주는 것이 왕이 그들을 위해 가장 먼저 해결해 주어야 절대 의무의 사항이라고 하겠다.

그러므로 임금 된 이는 당연히 백성들에게 '항산(恒産)'을 마련해 주어야 한다는 것이다. 항산(恒産)이란 고정적인 일자리를 말한다. 백성들은 그래야만 '항상된 마음'으로서 항심(恒心)을 보존할 수 있다고 하는 것인데, 여기에서 항심이란 인간이 다른 짐승들과 다를 수 있는 인간의 착한 본성을 말하는 것이다. 맹자는 인간이 착한 본성은 타고났다고 하였지만, 그것을 그냥 방치해 두면 곧 잃거나 잊어버리게 되니 늘 힘써 닦음으로써 보존하고 확대해 갈 수 있다고 했던 것이다.

그런데 맹자는 일정한 직업이 없이도 항상된 마음을 가지는 이는 오직 사(士)만이 할 수 있다고 하였으니, 여기에서 사(士)는 본디 성년의 남자들을 통틀어 부르는 말인데, 여기에서는 지식계층의 사람들로 지자(智者) 혹은 현자(賢者)들을 말하는 것이다. 다만 맹자의 경제관에는 일종의 계급적 의식을 가지고 있다고 할 수 있다. 항상된 직업이 없으면서도 항상된 마음을 갖고 있는 이는 오로지 선비만이 할 수 있다고 한다. 아니 그렇다면 선비는 굶고도 배고 프지 않다는 것인가? 물론 아닐 것이다. 다만 선비라고 자처할 수 있는 자라면 굶어서 죽게 되는 경우라도 그 때문에 자신이 지키고 있던 정의로운 신념을 저버리지 않을 수 있어야 진정한 선비라고 할 수 있다는 말이다. 공자도 "아침에 도를 들으면 저녁에 죽어도 좋다.(朝聞道, 夕死, 可矣.『論語・里仁』)"라고 하였듯이, 아침과 저녁의 짧은 사이 동안이라도 진리를 깨닫는다면 죽더라도 괜찮다는 말인데, 공자가 여기에서 죽음을 걸고 말한다는 것은 그만큼 비장한 심정으로 말한 것이다. 이렇듯 비장한 자세가 공자에게 죽음에 이를 때까지 자신의 신념을 굽히지 않을 수 있게끔 한 것이다. 춘추시대 당시 수많은 학자들이 제각기 개인적인 능력이나 학문에 있어서 정말로 공자보다 못했던 것은 아니었을 것이다. 그런데 유독 오늘날까지 공자나 맹자가 성인으로 추대될 수 있었던 것은 당시 다른 학자들은 대개 자신만의 개인적인 부귀와 영광만을 추구하느라 자신이 지켜온 학문을 꺾고 세상에 아부했기 때문에 당시에는 그들이 개인적인 부귀와 영광을 누렸겠지만, 그들의 학문과 사상이 오늘날까지 남아 사람들에게 거울이 되지는 못하는 것이다. 즉 공자나 맹자는 '곡학아세(曲學阿世)'를 결코 하지 않았기 때문에 오늘날까지 성인으로 추대 받을 수 있는 것이다.

중국에서 근래 흔히 쓰는 말 가운데 '인민(人民)'은 지배계층의 사람인 인(人)과 피지배계층의 사람인 민(民)을 아울러서 평등의 의미를 강조하여 쓰는 말이듯이, 왕조시대 당시에는 인(人)과 민 (民)에 대한 의식이 지배와 피지배계층이라는 의미로 나누어서 각 각 다르게 쓰였다. 그래서 맹자는 세상의 일에는 대인(大人)이 할 일이 있고, 소인(小人)의 할 일이 있는 것으로 대인은 '마음을 수 고롭게 하여(勞心)' 정사를 보며, 소인은 '힘을 수고롭게 하여(勞 力)' 농사를 짓는 것이니, 이것이 세상의 공통된 이치라고 보았다. 역시 지식인과 일반인들 사이의 경계를 구분하여 말한 것으로 보 아 계급의식을 떨쳐버리지 못한 한계를 갖고 있기도 하지만, 이 역시 공자가 그랬던 것처럼 맹자가 살았던 시대적인 환경의 한계 성 때문이었다고 보아야겠다.

한편 맹자는 구체적인 토지제도로서 바둑판같은 농지를 만들어 서 백성들에게 고루 나누어 주자는 정전법(井田法)의 실시를 제시 하였다.

> 사방으로 1리(里)가 정(井)이 되는데, 정은 900무(畝)이며, 그 가운데는 공전(公田)이다. 여덟 집이 모두 사전(私田)으로 100무씩 받고, 함께 공전 을 가꾸며, 공전을 다 마친 다음에 사전의 일을 보게 하는 것입니다.(方 里而井, 井九百畝, 其中爲公田. 八家皆私百畝, 同養公田, 公事畢, 然後 敢治私事.『孟子・滕文公上』)

정전법은 주대(周代)의 이상적인 조세제도인데, 오늘날 연구에 의하면 주나라 당시 실재했던 것이 아니라 다만 이상적으로 제시되었던 것일 뿐이라고 하기는 하지만, 맹자는 백성들의 살길을 보장해 주기 위해서 반드시 필요한 제도라고 주장하고 있다. 전국시대 당시 침략전쟁을 위한 부국강병에 혈안이 되어 있던 각 나라의 제후들은 가능하면 많은 세금을 거두고 많은 백성들을 동원하고자 했던 것인데, 진정으로 백성들을 먹고 살게 해주기 위해서는 정전법을 통한 조세제도를 시행할 것을 주장했던 것이다.

이렇듯 백성들의 세금 부담을 줄여주어야만 백성들이 먹고 살길을 찾을 수 있다고 하였지만, 세금과 관련해서 백규(白圭)라는 이가 백성들의 세금을 가벼이 해서 20분지 1로 줄여야 한다고 주장했을 때 맹자는 이런 생각은 오랑캐의 법도로서 한 나라의 문화가 발전하려면 백성들의 부담도 이에 따라서 증가하는 것도 당연한 것이라고 한 것을 보면, 맹자 역시 소비가 경제 발전에 미덕이될 수 있다는 생각도 가지고 있었던 듯하다. 오늘날 선거 유세에서 유권자들의 인심을 사기 위해서 무턱대고 국민을 위해서 어찌어찌 하겠다고 선심을 쓰는 공약을 남발하는 일이 흔한데, 당시에도 백규와 같이 마구잡이식 인기발언을 하는 이가 있었던 것 같다.

닭, 돼지, 개를 기르는 데에 제때를 놓치지 않게 하건 70세 된 자가 고기를 먹을 수 있으며, 100무의 토지에 농사철을 빼앗지 않으면 여덟 식구의 집안이 굶주림이 없을 수 있다. 상서(庠序)의 가르침을 삼가고 효제(孝悌)의 가르침을 편다.(鷄豚狗彘之畜, 無失其時, 七十者可以食肉矣. 百畝之田, 勿奪其時, 八口之家可以無飢矣. 謹庠序之敎, 申之以孝悌之義.『孟子・梁惠王上』)

이 대목은 경제적으로 넉넉하게 한 다음에 도덕교육을 해야 한다는 것으로 공자가 그랬던 것처럼 맹자 역시 배워야 하는 문제를 결코 저버리지 않았다. 또 다시

> 배불리 먹고 따뜻하게 옷 입고서 편안히 지내기만 하고 가르침이 없으면 짐승에 가까워진다. 성인께서 이를 걱정하셔서 설(契)을 사도(司徒)로 삼아서 인륜을 가르치게 하셨다.(飽食煖衣, 逸居而無敎, 則近於禽獸. 聖人有憂之, 使契爲司徒, 敎以人倫.)

라고 한 것처럼, 배부른 이후에는 당연히 배움에 힘써 인간의 도리를 다해야 한다고 했다. 유가는 역시 배움을 통해 올바른 인간상을 세워야 한다는 것을 내내 강조하고 있으며, 맹자의 경제관이란 한마디로 백성을 먹고살게 해주기 위해서 고정된 직업인 항산(恒産)을 마련해주고, 정전법(井田法)을 실시하여 백성들에게 조세 부담을 덜어 주어야 한다는 것이다. 이렇듯 정치한다는 것이 어찌 보면 매우 간단한 듯한데, 오늘날까지도 그게 그리 쉽지만은 않은 듯하다.

아름다운 인간관계 그리고 자연과 인간의 조화를 위하여

1. 공자는 하늘을 어찌 여겼나?

이제껏 앞장에서 우리들은 공자 유가사상의 이해와 그것을 통해서 유가사상이 오늘날 우리에게 과연 무엇인지, 그리고 그것이 우리 실생활에 어떻게 작용하여 왔는지를 되새겨 보았다. 그런데 유가의 사상내용 역시 공자가 살았던 시대의 사회·문화적 산물이었던 만큼 시대와 환경이 변하면서 유가를 거부하거나 맞서는 주의주장들이 나타나기 시작했다. 특히 도가(道家)의 출혼은 유가와 더불어서 이후 중국에서 양대 주류의 사상이 되어 발전하였다고 평가 받는 만큼 이번에는 유가와 도가에서 똑같이 근본원리로 삼는 '하늘[天]'에 대한 의식의 차이는 어떻게 같고 다른지 살펴보고자 한다.

서기전 10세기쯤 고대 중국의 왕조였던 주(周)나라 후반기인 춘추(春秋)와 전국(戰國)시대는 그야말로 커다란 혼란기를 맞는데, 그처럼 혼란했기 때문에 공자, 노자, 맹자, 장자, 묵자, 순자, 한비자 등 수많은 사상가들이 나와서 인간 자신에게 주어진 삶이란 어떠하여야 한다고 한 마디씩 주장을 폈다. 그래서 이 시기를 여러 선생님인 제자(諸子)들의 여러 학술 사상인 백가(百家)가 난무하던 제자백가(諸子百家)의 시대라고 하였으며, 이 시기에 비로소 인간 중심의 인문(人文)시대가 열렸다고 평가한다고 했다.

봉건왕조였던 주(周)가 해체되면서 공자가 이상으로 여겼던 주례(周禮)가 무너지고 패도(覇道)정치가 판을 치며, 각 지방국들은 한층 부국강병에 매진하게 되었다. 공자를 비롯한 유가(儒家)의 학자와 지식인들은 정치에 적극적으로 참여하여 그들의 이상인 인의(仁義)의 실현을 통한 덕치(德治)를 실현하고자 하였다. 그렇지만, 시간이 흐를수록 시대적 상황은 점점 극악해지며 유가의 이상정치 실현을 위한 여건은 점점 더 요원해졌다. 그렇다고 해서 그들이 현실을 외면할 수도 없었으며, 현실을 변화시킬 수 있는 능력이 있었던 것도 아니었다. 이러한 시대상황의 변화 속에서 나타난 것이 노자(老子)의 도가(道家)사상이라고 할 수 있다. 도가(道家)는 공자의 유가(儒家)와 함께 탄생 당시부터 오늘날까지 중국 사상계의 두 주류로 자리매김하였다고 할 수 있다.

누군가가 매우 부도덕한 짓을 하면, 우리는 흔히 하늘이 무섭지 않느냐고 하거나, 하늘의 도(道)가 땅에 떨어졌네, 어쩌네 하면서 하늘을 빌미로 삼곤 한다. 하늘이란 글자인 '天'자는 '큰 大'자 위에 큰 획이 하나 그어진 것이다. 이렇듯 하늘이란 글자인 천(天)자는 본디 사람들이 사는 세상의 위를 가리키는 것으로 매우 객관적으로 형상한 것임을 알 수 있다. 그런데 공자가 살았던 주대(周代) 이전까지는 인간의 머리 위에 펼쳐진 하늘이라는 공간에 무언가 거대한 초월적 존재가 있다고 믿었는데, 특히 태양의 존재는 인간에게 늘 두려움의 대상이었다고 추정하는 것은 어렵지 않다. 당시 사람들의 지식수준으로도 인간 사회의 모든 에너지가 태양으로부터 나온다는 것은 알고 있었기 때문이다. 그래서 상대(商代)까지는 태양신을 중심으로 여러 잡신을 숭배하는 문화현상이 일반적이었다고 한다. 그런데 무왕의 혁명을 통해서 주나라가 들어서면서 하늘에 대한 의식이 점차 변화하기 시작하여 주대의 왕이 하늘의 아들을 자처하면서 '하늘의 뜻[天道]'을 세상에 전하는 존재라고 하면서 스스로 천자(天子)를 자처하며, 하늘의 명령인 천명(天命)을 세상에 편다는 명목으로 천하를 통치하면서 하늘의 의지를 갖춘 인격신처럼 행세하였다. 그리고 춘추 말기에 이르러서 유가에서는 인격적인 하늘에 대한 관념을 도덕적인 개념으로 변화하여 고정시켰다. 그래서 공자는 『논어·옹야(雍也)』편에서 맹세하면서 "내가 잘못된 짓을 한다면 하늘이 날 버리실 것이다. 하늘은 날 버리실 것이다.(予所否者, 天厭之! 天厭之!)"라고 하였던 것처럼, 기독교에서 말하는 조물주나 내세를 인정하지 않았던 공자도 도덕적인 인격신으로서 하늘은 인정하였다고 할 수 있다. 게다가 공자는 매사에 하늘을 언급하며 인간이 지켜야 할 절대법칙이 엄연히 존재하는 것처럼, 하늘의 법도에 인간의 이상적인 질서법칙이 있다고 말하곤 했다.

이러한 공자의 입장을 보자면, 공자는 하늘의 도(道)에 대해서 그것의 정체에 대하여 무어라 정의를 하거나 구체적으로 하늘의 성격에 대하여 논변을 토로했을 것 같지만, 정작 공자는 상세하게 천도(天道)의 성격을 규명하거나 정의하지도 않았다. 공자의 제자인 자공은 『논어·공야장』에서 "선생님께서 성(性)과 천도(天道)에 관하여 말씀하신 것을 들을 수 없었다.(夫子之言性與天道, 不可得而聞也.)"라고 하였고, 「양화(陽貨)」편에서도 공자는 "하늘이 어찌 말을 하더냐? 사시가 운행이 되고 온갖 사물이 자라는데 하늘이 무슨 말을 하더냐?(天何言哉? 四時行焉, 百物生焉, 天何言哉?)"라고 했듯이, 공자는 이른바 형이상(形而上)으로서 천도나 인간의 본성에 관해서는 아예 의도적으로 언급치 않았다고 할 수 있다.

이렇기 때문에라도 도(道)에 관해서는 노자의 도가가 도(道) 사상의 원조라고 할 만한 것이며, 이처럼 형이상의 원리인 도의 개념을 자세히 폈던 것으로 보아서 아마도 노자의 도가사상은 오히려 공자의 때보다 훨씬 후대일 것이라는 추측이 가능한 것이다. 한편 모든 일을 신에게 물어 결정하던 신정(神政)의 시대인 상대(商代)를 거쳐 공자의 시대에 와서 인간의 삶의 구체적인 방향을 제시했기 때문에 공자가 인문의 시대를 비로소 열었다고 평가받는 점에서 보자면 공자의 인문정신에 한계를 드러낸 측면이라고 할 수 있다. 하늘에 인간이 범할 수 없는 절대적인 법칙으로서 도(道)가 있다는 것은 분명하게 부정하지 못했기 때문이다. 이것의 원인은 농경민족인 우리나라나 중국에서는 아주 오래전부터 자연만물에 삶을 의지해야만 하는 습성이 생겨났으며, 그 때문에 자연에 대한 도전정신보다는 자연과의 조화로운 삶을 추구하며 살아가야만 했기 때문이라고 할 수 있다. 그래서 유가(儒家)의 공자(孔子)든 도가(道家)의 노자(老子)든 그들의 주의와 주장이 담긴 글에는 늘 하늘을 중심으로 하는 자연물을 예로 들어 말하는 경우가 많다. 왜냐하면 우주만물의 이치가 그러하듯이 대자연의 한 일원인 인간도 그와 같은 이치에 따라서 살아야 한다는 것을 주장하기 위해서이다. 그런데 정작 천도(天道)에 관한 구체적인 논의는 유가가 아닌 도가에서 본격적으로 논의되었다.

2. 노자와 『도덕경(道德經)』, 만물의 이치를 말하다

노자(老子)와 그의 저서로 알려진 『도덕경(道德經)』에 담겨 있는 도가(道家)사상은 유가(儒家)와 더불어서 중국사상의 큰 줄기로서 이 둘은 그 모양새가 전혀 다른 듯 보이지만 마치 동전의 양면처럼 서로 떼어놓을 수 없는 존재이다. 그런 만큼 어느 누구도 유가이든 도가이든 어느 한 쪽에만 치우쳐 머물러 있었던 적이 없을 만큼 둘은 매우 긴밀하게 연관되어 대립하며 발전해 왔다고 할 수 있다.

원래 '도덕'이라는 말은 공자의 유가(儒家)에서만 국한해서 쓰던 말이 아니라 당시 각 학파마다 두루 쓰던 용어이다. 즉 도(道)는 본래 근본 원리(原理)로서의 절대 변하지 않는 법칙이라는 의미이고, 덕(德)은 그러한 원리를 지켜 나아가려는 마음자세를 말하는 만큼 도덕이란 천지자연의 그러한 운행 원리를 믿고 따르며 그대로 올바르게 살아가려고 하려는 마음가짐을 말한다. 그러므로 자신이 믿고 따르는 원리나 이치를 도(道)라고 믿고 그대로 따르고자 하는 마음가짐인 덕(德)을 갈고 닦으면 그것이 바로 '도덕적'이 되는 것이다.

道(도)자는 '머리 수(首)'와 '갈 지(之)'가 합쳐져 '사람이 간다'는 뜻에서 '운행한다'는 동사이며, 명사로는 '길'이란 뜻으로 수단이나 방법이라는 의미로 확대해서 쓰인다.

노자는 도라는 것에 대하여 "도라고 하는 것은 오로지 어렴풋한 것이다. …예로부터 오늘날까지 그 이름을 버리지 않고, 만물의 근원을 이끈다.(道之爲物, 惟恍惟惚. …自古及今, 其名不去, 以閱衆甫.)"라고 하였다. 이것은 도에 대해서 매우 신비한 존재인 것으로 묘사하고 있는 것처럼 보인다. 우선 도가 황홀(恍惚)하다고 했는데, 황홀은 "모습이 없는 모습이며, 물체가 없는 형상으로 이를 황홀(恍惚)이라 부른다.(無狀之狀, 無物之象, 是謂恍惚.)"라고 한 것처럼, 도란 실체가 없다고 하면서도 그런 가운데 형상(形象)이 있다고 한 것에서 알 수 있듯이, 도(道) 그 자체는 무어라 한 마디로 집어서 설명할 수 없는 실증되어지지 않는 존재라서 보이지는 않지만 느껴지기는 하는 것이라는 뜻이다.

이러한 도의 실체를 깨달은 이가 바로 성인(聖人)이다. 즉 형이하(形而下)로서 겉으로 드러난 현상계의 근원에는 눈으로는 보이지 않는 형이상(形而上)이 있다는 것은 부정할 수 없는 것과 같은 이치가 아닐까 한다. 기독교에서 말하는 조물주의 존재를 부정하는 이들은 흔히 조물주가 도대체 어디에 계신지 증명해 보라고 언성을 높이고는, 전지전능한 신의 존재를 증명할 수 없는데 어찌 믿겠느냐 하며 쉽사리 신의 존재를 부정하곤 하지만 조물주가 있다는 것을 증명하지 못한다고 해서 그 존재를 완전히 부정할 수 있는 것이 아니다. 왜냐하면, 거꾸로 조물주가 없다는 것 또한 증명할 수 없으니 말이다. 오히려 조물주의 부재를 증명하는 일이 더욱 어려운 일일 것이다. 물론 영적인 세계에 관한 신앙의 문제를 학문에 대입시켜서 증명하려는 자체가 옳지 못한 태도이긴 할 것이다.

그렇지만 이렇듯 조물주도 마찬가지이겠지만, 도의 실체 역시 증명하여 설명하는 것이란 참으로 무모하겠지만, 아마도 우리네 보통 사람들이 느끼기로는 마치 바람 혹은 기(氣)와 같은 존재라고 여기면 좀 이해하기 쉬운 것이 아닌가 싶다. 마치 바람이나 기처럼 사람에 따라서 각각 느껴지기는 하므로 그 존재는 믿을 수 있지만, 보이지는 않는 것이니 무어라 확증은 할 수 없는 것이라고 해 두기로 하자.

한편 기(氣)에 대한 설명에 관해서도 기독교 성경(聖經)에서는 조물주가 인간의 코에 기운을 불어 넣어주셔서 성명을 얻게 되었다는 대목이 나오는데 비해서 노자는 음과 양의 조화로운 기운에 의해서 만물이 생성되었다고 하는 것이 다르다. 즉 도가에서는 만물이 도(道)로부터 기운의 조화에 의해서 생성되었다고 하였으며, 조물주와 같이 전지전능한 누군가에 의해서 창조(創造)된 것이라고 하지는 않으며, 다만 '나아져서 생긴 것'이라는 의미에서 우주만물이 생성되었다고 한다.

그러므로 노자는 "도는 하나를 낳고, 하나는 둘을 낳고, 둘은 셋을 낳고, 셋은 만물을 낳으니 만물은 음기를 지고 양기를 안아서 혼연히 하나로 어우러져 조화롭다.(道生一, 一生二, 二生三, 三生萬物, 萬物負陰而抱陽, 沖氣以爲和."『老子 42章』)라고 하여서 도가 만물의 근원임을 말하고, 이 도에서 만물이 생성되는 과정을 설명한 것이라고 할 수 있다. 이것은 마치 음과 양의 이기(二氣)가 있는데, 이 둘은 일(一)이라고 하는 하나의 기운에서 파생된 것이며, 이 일기(一氣)는 도가 나왔다고 하니, 도 자체는 아니지만, 도가 미분화된 상태에서 만유(萬有)의 세계로 유출되기 전에는 나누어지지 않은 상태이므로 역시 하나라는 것이다. 그러므로 이 일(一)을 도라고도 부를 수 있을 것인데, 역시 논리적인 분석의 대상은 아니며, 도란 신비로운 직관에 의해 느껴지는 것일 뿐이다.

『노자 25장』에서도 "뒤섞여 이루어진 것 어떤 것이 있는데, 하늘과 땅보다 앞서서 생겨난 것이다. 그것은 적막하고 소리도 없지만, 홀로 서서 바뀌지 않는다. 널리 행해도 위태롭지 않으니, 온 세상의 어머니라고 부를 만하다. 나는 그것의 이름을 몰라 도(道)라고 부른다.(有物混成, 先天地生, 寂兮寥兮, 獨立不改. 周行而不殆, 可以爲天下母, 吾不知其名, 字之曰道.)"라고 한 것처럼, 도는 천지 만물의 생성 원리라는 뜻인데, 그 이름이 도(道)인 것은 만물의 생성 원리가 운행한다고 믿었기 때문에 '간다'라는 뜻에서 지어진 이름이다.

도는 만물을 낳고, 덕(德)은 만물을 기르고, 자라게 해주고, 키워주고, 안정시키고, 충실하게 하고, 기르고, 보호한다. 낳았지만 소유하려 하지 않고, 자라게 했지만 자랑하지 않고, 키웠지만 자처하지 않으니, 이것을 '현묘한 덕'이라고 한다고 하였는데, 노자의 이른바 무위자연한 도가 위대한 공덕으로 만물을 낳고 길러 자라게 해주지만, 그 공덕을 스스로 자처하지 않으니 그의 덕을 현덕(玄德)이라 한다는 것이다. 노자는 도를 또 '현지우현(玄之又玄)'하다고 하여 거듭 현묘(玄妙)하다고 하였으니, 여기에서 현(玄)은 곧 검다는 뜻으로서 궁구하여 쉽사리 이해할 수는 없는 미묘한 이치라는 뜻에서 그렇게 말한 것이다.

3. 현실에서 인간이 가야 할 길에 대하여

원칙론적인 견해를 중심으로 도와 같이 형이상학적인 논의를 펼치다 보니, 좀 막연한 측면이 없지 않았다. 유가사상이 당시 혼란스러운 사회에서 각각의 구성원마다 개인의 본분을 잘 지킴으로써 사회적 절대 질서를 잘 유지하려고 했던 것이라면, 노자의 도가사상은 그러한 혼란과 고통으로부터 벗어나 다시 화합과 평안을 가져오기 위한 수동적인 삶의 방향을 제시한 것이다. 사사로운 이익에 탐닉하는 지배층의 무절제한 태도를 비판하고, 당시 유교 윤리가 추상적인 도덕주의와 형식적인 예교사상에 타탕을 둔 엄숙주의를 추구하였기 때문에 인간의 본성을 해친다고 비난하는 것과 동시에 이를 극복하기 위한 방안으로서 무위자연(無爲自然)의 도를 본받음으로써 인간 본연의 자연스러운 속성을 따르자고 한 것이다.

도가의 입장에서 보자면, 군자라는 이는 자기를 알아주는 임금과 시대를 만나면 세상에 나아가 큰 벼슬을 하여 제 뜻을 펼치는 것이고, 그러한 임금과 시기를 만나지 못하면 관직에 나아가지 아니하면 그만인 것이다. 그러므로 훌륭한 장사꾼은 희귀한 재물을 깊이 숨겨두어 없는 듯이 하고, 훌륭한 군자는 덕이 아무리 뛰어나도 겉으로는 바보처럼 굴며 교만함과 지나친 욕심, 위엄과 과도한 의지를 떨쳐 버리는 것이다.

그렇지만, 유가에서 공자 자신이 그랬던 것처럼 모두가 열심히 학습하고 예를 닦음으로써만이 성인의 경지에 오를 수 있는 것이라고 했지만, 열심히 학습하고 예를 닦는다고 해서 누구나 모두 성인에 오르는 것이 아닌 만큼 열심히 노력은 했지만, 유가사상으로는 노력한 만큼 사회적으로 성공하지 못하는 이들에 대한 보상이나 위안을 주지는 못한다. 이에 비하여 『도덕경』에서 말하고 있는 도는 이해하기 어렵고 신비주의적인 요소가 있어서 매우 다양하게 해석되기는 하지만, 본질적으로 도의 본래 의미는 억지로 함이 없다는 뜻의 '무위(無爲)'이며, 무위는 자연스러움, 즉 모든 일이 본성대로 흘러가도록 내버려두는 것으로 현실에서 실현할 수 없다면 억지로 이루려고 하지 않는 것을 말한다.

그런데 결코 아무것도 하지 않으면서 모든 것이 저절로 이루어진다는 것이 아니라 무위자연의 도리에 순응하여 본성을 해치지 않는다는 '적극적인 무위'를 말하는 것이다. 자신이 처한 현재의 처지를 적극적으로 받아들이고 억지로 벗어나려 하거나 되지도 않을 것을 무리하게 해내려고 힘쓰는 것에서부터 인간의 고통과 불행이 시작된다고 하는 것이다. 그러므로 교만함[驕氣], 지나친 욕심[多欲], 위엄[態色] 그리고 지나친 의지[淫志]를 떨쳐버림으로써 인간 본연의 행복을 실현할 수 있다는 것이다.

노자의 도는, 우주 만물의 생성 근원으로서 절대불변의 원리이지만, 그 도를 무어라 일정하게 규정해 두면 그때부터 그것은 본래의 성격을 잃게 되어 더 이상 그것일 수 없다고 한다. 만물이란 항상 변화하는 것으로 고정된 것이 아니며, 일정하지 않은 것임을 말한 것이기도 한다. 그러므로 이 도를 제외하면 세상에 존재하는 모든 현상은 상대적이고 허무해서 서로 상대되는 것들의 대립조차 도 무의미해 진다고 한다. 게다가 유한한 한계를 지닌 인간의 능력을 가지고 무한한 도의 개념을 말하려고 한다는 것은 아무 의미가 없는 것이라는 뜻이기도 하다.

인간의 모든 인위적인 노력은 도와 멀어지게 할 뿐이며, 인간으로서 가능한 것은 단지 그 도의 무위자연의 이치에 순응하는 것이 가장 현명한 것이라고 한다. 그러므로 "인간은 땅을 본받고, 땅은 하늘을 본받고, 하늘은 도를 본받고, 도는 자연을 본받는다.(人法地, 地法天, 天法道, 道法自然.)"라고 했듯이, 인간은 늘 자연이치의 법도와 조화되어야 한다고 한 것이다.

4. 자연의 이치란 무엇인가?

유가에서 하늘의 절대 원리인 천도(天道)를, 그리고 도가에서도 역시 무위자연(無爲自然)의 자연이치를 본받아야만 한다는 입장은 같다고 하겠다. 그렇다면 이 세상에서 살아가야 하는 인간은 그 천도, 즉 자연의 이치가 무엇인지를 깨닫고, 우리 인간은 그것에서 무엇을 어떻게 잘 배워야 하느냐 하는 것이 그들 유가와 도가의 차이점이라고 하겠다. 우선, 유가에서 말하는 하늘의 절대 원리인 천도(天道)나 도가에서 말하는 무위자연의 자연이치는 각각 무엇을 일컫는가?

　유가의 입장에서 하늘의 절대원리가 무엇인지를 이해하기 위해서 일단 우리 모두 가만히 하늘을 보자. 우리 같은 평범한 사람들이 우주만물의 절대 이치를 깨닫는 것은 애당초부터 무리일 것이다. 그것을 깨달으면 진작 성인(聖人)이 되었을 것이니 말이다. 그렇다면 가장 낮은 단계에서 우리도 알만한 자연의 섭리를 살펴보자. 하늘에는 봄, 여름, 가을, 겨울의 4계절이 흐른다. 요사이 자연환경이 여러 모로 많이 파괴되었다고 하지만, 그래도 때가 되면 어김없는 것이 계절의 변화이다. 이러한 계절의 변화 순서에 있어서 어느 한 순간 그 시기가 어그러지는 경우가 없다고 보는 것이 바로 유가이다. 무언가 매우 심오할 것 같지만 별 것이 아닌 이 정연한 질서가 바로 자연의 원리라는 것이다. 이러한 정연한 질서가 자연의 절대 원리인 것처럼, 자연의 한 구성원인 인간은 자신이 속한 사회집단에서 역시 그렇듯이 질서를 잘 지켜야만 한다고 했다.

　공자가 말한 절대 이념인 인(仁)과 예(禮)는 흔히 삼강오륜(三綱五倫)에서 지적하였듯이, 한 개인이 가정 안에서 아버지로서 아들로서 남편으로서, 사회에서는 직장의 상사로서 혹은 부하로서, 친구로서 각각의 역할, 즉 각자마다의 주어진 이름[名]을 잘 지킬 것을 규정하였던 것이다. 각자가 자신에게 주어진 자리를 잘 지킬 때 인간은 행복해지며 그 사회는 온전히 돌아간다는 것이다.

　한편, 도가에서 말하는 무위자연한 자연의 이치란 무엇인가? 이번에는 도가의 입장에서 하늘을 보자. 도가의 입장에서 하늘을 본다고 해서 별로 달라지는 것은 없다. 역시 봄, 여름, 가을, 겨울의 순서대로 어김없이 4계절이 흐른다. 유가가 여기에서 절대적인 질서의 법칙을 보았던 것인데 반하여 도가에서는 여기에서 누구도 무어라 명령하거나 개입하여서 인위적으로 어찌 되라고 하지 않지만, 언제나 봄에 이어서 여름, 여름에 이어서 가을, 가을에 이어서 겨울, 겨울에 이어서 봄의 순서를 어기는 일이 없다. 바로 자연이란 그 말 그대로 '스스로 그러한' 것일 뿐이라는 것이다. 그러므로 역시 자연만물의 한 일원에 불과한 인간이란 그러한 자연의 이치를 잘 따름으로써 인간의 행복을 추구해야 한다는 것이다. 다시말해서 농부가 봄에 씨앗을 뿌리고는 여름을 거치지도 않은 채 가을에나 해야 할 수확을 하려는 것은 옳지 못하다는 것이다. 『노자』 5장에서도 "하늘과 땅은 특별히 아끼지 않는다(天地不仁.)"라고 한 것처럼, 자연의 이치는 공명정대하여서 누구를 위해 따로 은혜를 베풀지 않는다고 한 것이다. 이것을 두고 유물론자들은 소박한 의미에서 유물론의 맹아가 고대 중국에 이미 있었다고 치켜세운 것이기도 하다.

이것에 비하여 완전히 종교적인 입장인 기독교에서는 우주만물의 운행은 당연히 전지전능하신 조물주가 주재하신다고 보는 듯하다. 즉 조물주의 말씀을 통해서 '있으라'고 하신 대로 우주가 생성되었다고 한다. 이것을 두고 이른바 과학적인 사고로 무장했다고 하는 유물론자들은 신이 인간을 창조한 것이 아니라 나약한 인간이 신을 창조하였다는 식으로 신의 존재를 부정한다. 여기에서 흔히 오늘날 우리들은 중국의 사상이 좀 더 영적인 방면에서 신비적이며 관념적이라고 여기기 쉬운데, 그것은 오해라는 것을 알 수 있다. 중국에서는 엄격한 의미에서 기독교와 같은 종교적 의식이 분명히 있었다고 할 수는 없기 때문이다. 아무튼 이런 측면에서 중국의 유물론자들은 전통적으로 유물론적 사상 전통의 연원이 이처럼 뿌리 깊다고 자부심을 갖기도 한다. 분명한 것은 중국의 사상은 좀 더 현실적이며 실증적인 것을 중시했다는 것이다.

하늘도 땅도 사람도 각각 하나이듯이 유가와 도가에서 일컫는 하늘의 도와 자연 역시 하나이다. 다만 그것을 어떻게 바라보고 이해하느냐에 따라 달리 해석되어 질뿐이다. 여러분들은 누가 옳다고 여깁니까?

실제로 이것은 논리적으로 올바른 질문이 아니다. 왜냐하면 위에서 유가나 도가에서 말한 것이 과학으로서 검증이 가능한 주장이 아니기 때문이다. 앞서 말했듯이, 유가 혹은 도가라고 일컫는 것은 '사상'의 입장에서 말하는 것이므로 과학적인 증명이 불가능한 것이다. 그들 사상가들이 심정적으로 생각하는 이론으로서 주의나 주장을 세상 사람들에게 이해시키기 위해서 예를 들어 설명한 것일 따름이다. 한 마디로 이 세상에 4계절이 생기는 이유는 유가의 천도가 절대 원리가 있다는 것을 보이기 위한 것도 아니며, 도가에서 말하는 무위자연의 이치를 보이기 위해서 생겨난 것도 아니다. 다만 태양으로부터 절묘한 거리에 자리한 지구가 살짝 기울어진 채 태양의 주의를 돌면서 생겨난 우연한 자연 현상일 뿐이기 때문이다.

그렇다면 이러한 과학적인 사실이 알려지기 전에 살았던 공자도 노자도 그 시절에 세상 사람들을 일깨운다는, 또는 구원한다는 그럴듯한 명분은 있었겠지만, 본의 아니게 세상 사람들에게 거짓말을 한 셈, 아니면 옳지 못한 정보를 가지고 자신의 주의주장을 확립하

는 데에 이용했던 것은 아닌가 싶다. 그런데, 내가 의아한 것은 그
와 같은 자연의 이치가 과학적으로 온통 증명이 된 오늘날에도 많은
사람들이 그들의 주장을 아무런 비판 없이 받아들인다는 점이다.

　그러므로 지금도 그렇지만, 오래전부터 중국의 사상가들은 자신
들의 논의 주장을 증명해 보이기 위해서 특히 자연물 가운데 물에
관심을 가지고 있었다. 각 사상가들은 특히 물에 주목을 하였다.
지금까지 밝혀진 과학지식으로 물은 생명의 근원이라고 할 수 있
는데, 옛날 중국 사람들에게 그러한 과학지식이 있었다고 할 수는
없겠지만, 그네들이 물을 중시했다는 것은 여러 모로 흥미로운 사
실이 아닐 수 없다.

　맹자는 고자(告子)가 말한 식욕과 정욕(情慾)이 사람의 자연적인
속성이라고 한 것에 찬성하지 않고 인간만이 갖는 인의(仁義) 같은
도덕관념이 있다는 것이 짐승과 구별되는 진정한 인성(人性)이라고
하는 것을 증명하기 위해서 "물이 진정 동서의 구분은 없다지만
위와 아래의 구분도 없는 것인가? 사람의 본성이 선한 것은 마치
물이 아래로 흐르는 것과도 같은 것이다.(水信無分於東西, 無分於
上下乎. 人性之善也猶水之就下也.)라고 하였던 것처럼, 자연물 가
운데 물이 위에서 아래로 흐르는 속성을 가지고 잇듯이 인간이 선
한 본성을 가지고 태어나는 것 역시 절대 원리라고 하며 자신의
성선설을 증명하려고 했다.
　한편 공자의 『논어』에서도 물에 관한 이야기가 나온다. 혹시
'요산요수'라는 말을 들어 보셨는지?

『논어(論語)』의 「옹야(雍也)」편에,

> 지혜로운 이는 물을 좋아하고, 어진 자는 산을 좋아한다. 지혜로운 이
> 는 동적이고, 어진 이는 정적이다. 지혜로운 이는 낙천적이고, 어진 이는
> 오래 산다.("知者樂水, 仁者樂山. 知者動, 仁者靜. 知者樂, 仁者壽.")

다만 원전인 『논어』에는 '요산' 보다는 '요수'가 먼저 나온다. 그렇다면 어진 이만 산을 좋아해야 하고, 지혜로운 이만 물을 좋아해야 하는 것일까? 아닐 것이다. 여기에서 물을 좋아한다는 의미는 지혜로운 이가 물의 속성을 닮았다는 뜻이다. 즉, 지혜로운 이가 사물의 이치에 두루 통달하여서 막힘이 없는 것이 마치 물이 자연스레 두루 흘러 다다르지 않는 곳이 없는 동적인 성질을 갖고 있다는 의미이다. 한편 어진 이의 속성이란 마치 산처럼 한 자리에 고정 불변의 상태를 유지하듯이 변치 않는 천지자연의 원리원칙과 같은 존재라는 뜻에서 산을 좋아한다고 한 것이다. 즉 공자의 유가사상에서 물이란 어디든지 재빠르게 스며드는 속성이 있듯이 지혜로운 이를 비유하여 말한 것이며, 어질다는 것은 인간 사회에서 군자가 갖추어야 할 근본적인 덕목이라는 의미로서 이것 역시 절대 변하지 않는 것이 마치 산과 같이 고정불변하다는 것이다.

한편 공자의 인(仁)과 예(禮)사상에 반대하였던 노자의 도가(道家)에서는 물을 어찌 보았을까? 『노자』는 8장에서

> 가장 훌륭한 것은 물과 같은 것이다. 물은 능히 만물을 이롭게 하는데,
> 다투지 않고 모든 사람들이 싫어하는 낮은 곳에 자리한다. 그러므로 도
> (道)에 가까운 것이다.(上善若水, 水善利萬物而不爭, 處衆人之所惡. 故
> 幾於道.)

우리가 주변에서 가까이 볼 수 있는 사물 가운데 도가사상이 가장 잘 실현되어 있는 것이 바로 물이라고 하였다. 그 성질의 핵심은 당연히 무위자연(無爲自然)이라고 한다. 무엇인가 억지로 해대는 것이 아닌 스스로 그리 되도록 놔두어야 한다는 말이다. 말은 이리도 간단하지만 이것을 이해하고 실천하기란 좀체 어려운 말이기도 하다. 그래서 노자는 무위자연의 삶을 비유하기를 물과 같아야 한다고 예를 들어 설명한다. 노자는 물이 늘 가장 낮은 곳으로 자연스레 흘러 온갖 사물을 포용하는 것처럼 물의 이와 같은 속성을 들어서 세상의 이치가 무위자연하다고 일깨워준 것이다. 이와 같은 노자의 말은 인간사회가 이리도 삭막해지고 사람들이 힘들어진 것 역시 사람들마다 늘 최고가 되어 남들보다 윗자리에 서고자 하는 것처럼, 무엇인가 억지로 이루려고 하는 것 때문이라고 보았던 것이다. 그러므로 노자는 그러한 이들에게 겸손과 여유를 일깨워서 각박하고 힘겨운 삶 속에서 한숨 고르게 하고자 하는 의도에서 그리 말했다고 할 수 있다.

유가에서 물이 위로부터 아래로 흐르는 절대 이치를 가진 것처럼 위와 아래 사이에 절대 질서가 있는 것이라고 한 것에 반하여 노자 역시 다른 방면에서 물의 자연스러운 속성을 들어서 말했던 것이다.

끝으로 유가와 도가를 비롯한 춘추전국시대의 제자백가 사상을 종합했다고 할 수 있는 사상은 한비자의 법가라고 할 수 있는데, 법가는 한 마디로 세상에 합리적인 법이 지어져서 공평하게 그 법이 시행되어야 한다는 사상이다. 즉, 법이란 정부에서 제정하여 공포한 법률 조문으로서 백성들에게 상벌에 대하여 정확한 기준과 인식을 갖게 하기 위한 것인데, 상은 법을 잘 지켰기 때문에 주며, 벌을 받는 것은 법을 어겼기 때문에 주어지는 것이라고 한다. 이것을 한마디로 신상필벌(信賞必罰)이라고 한다. 그런데 이 법가에서는 아무 상관이 없을 것 같은데, 한비자 역시 물을 예로 들어서 법의 원리를 설명한다.

법(法)이라는 글자는 한(漢)나라 때 만들어진 자전(字典)인 『설문해자(說文解字)』에 다음과 같이 설명하고 있다. 法(법)자의 본래 형태는 전설에 뿔이 하나 달린 신성한 동물이 누가 죄를 지었는지 스스로 판단하고 벌을 주는 능력이 있기 때문에 이를 이용해서 죄가 있는지 없는지를 판단했으며, 법을 집행하는 것은 공평해야 하기 때문에 '물 수(水)'의 뜻이 담긴 것이라고 했다.

여기에서 물이란 '공평(公平)'의 개념이 담겨 있다. 물을 담고 있는 그릇이 어느 방향으로 기울어져 있던지 간에 그릇의 물결은 항상 평평하게 유지하고 있기 때문에 물에는 '누구에게나 고르게'라는 속성이 담겨 있다고 본 것이다. 그리고 거(去)자의 '제거한다'는 의미는 법과 관련하여서 '처벌한다'는 의미로 보아야 한다. 그러므로 법이란 누가 죄를 저질렀던지 간에 공정하게 판단하고 그를 처벌한다는 뜻을 가지고 있어서 누구에게나 공평하게 법이 적용되어야 한다고 한비자는 생각했던 것이다.

요즈음 인기리에 방영되는 드라마 가운데 부부간의 갈등을 소재로 하는 '사랑과 전쟁'이라는 프로그램을 보면, 끝날 무렵 신구 씨가 나와서 그 주의 두 남녀 주인공에게 '4주 있다가 오라던가…'

라고 하는 대목이 나오기 전에 법원 전경이 나올 때 웬 여인네가 눈을 가리고 한 손에는 저울을 들고 한 손에는 칼을 들고 서 있는 흰 석상이 나오던데, 아마도 이 여인이 서양에서 말하는 '법의 여신'쯤 되지 않나 싶다. 아마도 여기에서 저울은 누구에나 '공평하게' 그리고 칼은 죄지은 자는 처벌한다는 것을 보이기 위한 것이다. 역시 법에 대한 인식은 예나 지금이나 동양이나 서양이나 비슷하지 않나 싶다.

그렇지만 이들 각 사상가들이 물과 산을 멋지게 비유로 들어서 우리들 마음을 혹하게 하기는 했지만, 그들이 말한 물과 산은 역시 그들의 사상적 이념을 설명하기 위해서 존재하고 있는 것이 아니다. 물은 만유인력에 의해서 위에서 아래로 흐르는 특성이 있는 것이고, 산은 다만 지각 변동에 의해서 대륙과 대륙이 부딪치며 밀어 올려져서 우뚝 솟아 있을 뿐이다.

그렇더라도 법가사상은 전국시대(戰國時代)에 7개의 나라들이 자웅을 다투는 과정에서 여러 모로 불리한 조건이었던 진(秦)나라의 시황제(始皇帝)가 부국강병의 나라 이념으로 채택되어서 나라를 합리적으로 다스려 힘을 키울 수 있도록 작용을 하였고, 결국 그 전까지 400여 년간의 전쟁 상태를 종식시키고 중국 최초의 통일 왕조인 진(秦)제국을 완성할 수 있었던 것이다. 이후 중국의 봉건왕조의 전형을 이 시기에 다졌다는 평가를 받는다. 이처럼 중국 역사와 문화의 자취에서도 물은 참으로 중요한 역할을 하였다고 볼 수 있다.

다만 그토록 공명정대해야 한다는 것을 사회의 절대 법칙으로 정해 두고는 제대로 지키지 못하는 인간들에게 문제가 있는 것이 아닌가 싶다. 오늘날 이 나라와 이 사회의 온갖 병폐는 '법대로' 되지 못해서라고 한다면 너무 간략한 결론이라고 할 수도 있겠지만, 2,000여 년 전 한비자가 물을 보고 공평(公平)의 이치를 깨달았던 것은 오늘의 우리에게도 새로이 물의 의미를 돌아보는 계기가 될 듯하다. 이렇듯 한비자의 법가는 유가, 도가와 함께 이후 중국뿐만 아니라 우리나라의 역사와 문화에 특히 많은 영향을 끼친 사상이며 오늘의 우리들에게도 여전히 그들의 말씀의 메아리가 울려 퍼지고 있는 것은 아닌지….

유가의 이단자들(1)-묵자(墨子)

1. 유가의 차별적 사랑을 반대한 묵자(墨子)

　　노자(老子)의 도가(道家)까지만 하더라도 고대 중국 사상계의 두 날개라고 하며 그 존재가치를 높이 평가하였는데, 이번에는 유가 사상과 이념에 반대하였던 '이단자(異端者)'들의 이야기이다. 제목이 좀 과격한 듯싶지만, 이단이란 자신이 믿는 이외의 도(道)로서 전통이나 권위에 반항하는 주장이나 이론을 말하는데, 흔히 종교적으로 자기가 믿는 종교의 교리에 어긋나는 이론이나 행동 혹은 그런 종교를 일컫는다. 그러므로 중국에서 유가의 이단이라고 한다면 크게 보아서 도교나 불교(佛敎)처럼 종교적인 성향을 가지면서 유가와 배치되는 주장을 펴는 이들을 가리킨다그 할 수 있다. 유가와 상반되는 새로운 주장이나 이론을 폈던 이들보다는 애당초 유가에서 배웠기 때문에 크게 보아서는 기존의 유가에 속한다고 할 수 있으면서 역시 공자가 세웠던 유가의 이념에는 반발을 하였던 인물로 묵자(墨子)가 대표적이다.

묵자의 사상은 얼마 전 국민배우 안성기와 유덕화가 주연한 묵공(墨攻)이라는 영화로도 대중들에게 알려진 바 있다. 그런데 그 당시 나왔던 비슷한 부류의 중국 고전을 소재로 한 영화와는 달리 이 영화는 컴퓨터 기술을 이용한 스펙터클한 볼거리 장면이 빠진 채 이야기 중심으로 흘러서인지, 그다지 관객들의 흥미를 끌지는 못했다. 여기에다가 한 바가지 찬물을 끼얹은 것은 평론가들이 묵자의 사상에 대해서 잘 몰라서 이 영화의 가치를 제대로 평론을 해주지 못한 것이 아닌가 하는 아쉬움이 남는다. 듣기로는 이웃 일본에서는 흥행에도 꽤 성공했다고 하니, 더욱 그런 생각이 들었다. 혹시 일본의 관객들은 묵자의 사상에 대한 이해가 깊은 것이 아닌가 싶다.

아무튼 묵자는 중국의 다른 여러 사상가들에 비하여 매우 독특한 사상 내용과 평가를 받는 인물이다. 묵자는 공자가 죽은 직후 맹자가 태어나기 전에 태어났다고 알려져 있다. 주(周)나라 초기에 제정된 봉건적 종법제도가 급속히 무너지고, 여러 봉건 제후국가들이 각기 나뉘어져 패권을 다투던 당시 어떻게 하면 혼란 속에서 정치와 사회의 질서를 바로잡을 수 있을까 하는 문제에 대하여 겸애(兼愛) 즉 '차별 없는 사랑'과 하늘에 대해 순종을 역설하던 일종의 종교운동을 펼쳤던 인물이라고 할 수 있다. 당시 중국에 과연 오늘날과 같은 종교가 있었는가에 대하여 논란은 분분하다.

묵자의 인생 역정은 공자와 마찬가지로 자신의 이상을 실천에 옮길 수 있는 군주를 만나기 위해 이 나라에서 저 나라로 유세하며 돌아다녔지만, 그를 인정해주는 군주가 없었기 때문에, 나중에는 제자들에게 자신의 사상인 보편적 사랑인 겸애(兼愛)사상을 가르치며 인생을 마쳤다고 한다. 오늘날 묵자는 그다지 많이 알려져 있지 않지만, 맹자가 당시 시대조류를 말하면서 "양주와 묵적의 말이 세상에 가득하다(楊朱墨翟之言, 盈天下.)"라고 말했던 것처럼, 전국시대에는 묵자와 양주(楊朱)의 사상이 대단한 영향력을 가졌었음을 알 수 있다.

그런데 묵자는 어째서 오늘날 우리들에게 잘 알려지지 못하였고, 유가의 이단자라는 말까지 듣게 되었을까 여러 모로 의문이 가는 인물이 아닐 수 없다.

묵자에 관해서 정확하게 알 수 있는 기록은 많지 않다. 『사기(史記)·맹자순경열전(孟子荀卿列傳)』의 끄트머리에 묵자의 행적에 관해 다음과 같이 짤막하게 나온다.

> 대개 묵적(墨翟)은 송나라 대부로서 지키고 방어하는 것을 잘 하였고, 물자를 아껴 썼다. 어떤 이는 공자와 같은 시기라고 했고, 어떤 이는 그 뒤에 살았다고 한다.(盖墨翟, 宋之大夫, 善守御, 爲節用. 或曰并孔子時, 或曰在其後.)

이것에서 묵자가 송(宋)나라의 대부였다는 것 역시 믿을 수 있는 것은 아니며, 신분에 관해서도 오히려 비천한 출신이라고 보는 견해도 많다. 그러나 묵자가 한 무리를 이끌고 여러 나라를 다니면서 자신의 학설을 설파하고 다녔는데, 이때 묵자는 수레에 책을 가득 싣고 다니면서 공부에 열심이었다고 전해기기 때문에 묵자가 대부(大夫)에 해당하는 지위에 있었다는 설도 있지만, 그의 신분에 관해서 믿을 만한 설은 없다.

묵자의 성이 묵(墨)인 것 역시 묵자의 피부가 검었기 때문이라고 한다. 그의 피부가 어째서 검게 되었는지에 대하여 묵(墨)은 본래 죄수의 얼굴에 죄명을 새겨 넣는 묵형(墨刑)을 받았거나, 그가 전쟁 포로가 되어 묵형을 받고 천민의 신분으로서 막노동을 하다 보니 얼굴이 검게 되었을 가능성이 있다고도 한다.

『회남자(淮南子)·요략훈(要略訓)』에도

　　묵자는 유가의 학업을 배워 공자의 학술을 공부하였으나, 그 예가 번다하다 하여 좋아하지 않았다. 장례를 지나치게 하여 재물을 낭비하고, 백성을 곤궁하게 하고, 의복이 생활을 불편하게 하고, 일을 방해한다고 여겼다. 그러므로 주(周)나라의 법도를 버리고 하(夏)나라의 정치를 택했다.(墨子學儒者之業. 受孔子術. 以爲其禮煩擾而不說. 厚葬靡財貧民. 服傷生而害事. 故背周道而用夏政.)

라고 한 것처럼, 묵자는 원래 공자의 가르침을 따르던 유학자였는데, 공자의 유가가 지나치게 예(禮)를 강조하여 실제 생활에서 여러모로 불편하게 하고 재산을 낭비하는 폐단이 있었다고 여겼다. 그래서 주(周)나라의 예법으로 돌아가야 한다고 늘 주장하던 공자의 유가에 반대하였고, 오히려 묵자는 하(夏)나라를 세운 우(禹)를 이상으로 삼았다. 우는 실제로 자기 몸을 다 바쳐서 세상을 구제하는 것에 힘써서 부지런히 황하의 범람을 다스리느라 13년 동안 밖에서 일하면서 집에 들어가지도 않았다고 하는데, 이러한 우의 검소하고 부지런함이 묵자의 이상이었다.

게다가 유가가 주장하는 인(仁)이 역시 사람들을 사랑하고 아끼는 것이라고 하기는 했지만, 신분이 낮은 피지배계층이나 소인과 같은 이와는 함께 인(仁)을 나누는 것이 아니라는 차별적인 요소가 있다고 여겼다. 유가의 사랑[仁]은 가족애를 시작으로 나라와 세상에까지 미루어 가는 형식을 통하는 이상적인 인류애를 말한다고 했지만, 묵자는 유가의 이와 같은 사랑의 방식은 차별적인 사랑 곧 별애(別愛)이며, 이것 때문에 오히려 차별과 분란이 일어나게 된다고 하였다. 그래서 묵자는「비유(非儒)」편에서 "유가들이 친족을 가까이 대하는 데에도 차별의 방법이 있고, 어진 이를 높이는 데에도 등급이 있다.(親親有術, 尊賢有等.)"라고 하여 유가를 비난하였으며, 모름지기 사랑이란 차별이나 구분이 있어서는 안 된다고 하였으니, 그와 같은 차별적인 사랑의 실천에 묵자는 찬동하지 않았던 것이다.

　실제로 유가는 인간끼리의 사랑을 표방하는 사상이라고 할 수 있다. 유가에서의 사랑이란 인(仁)과 애(愛)로 나눌 수 있는데, 인이란 공자가 『논어』에서 분명히 무엇이라고 정의를 하지는 않았지만, 삼강오륜(三綱五倫)과 같이 귀족지배층 간의 비교적 동등한 관계에서 사랑을 나누는 것을 인(仁)이라고 한다면, 애(愛)의 의미에는 『논어·학이(學而)』편에서 "널리 사람들을 아끼며, 어진 이를 가까이 한다.(汎愛衆而親仁)"라고 한 것처럼, 애(愛)는 지배계층이 피지배계층을 상대로 아낌을 베푸는 것으로서 '동등한 사랑'이 아니라 지배층 혹은 군림하는 자의 백성들에 대한 '아낌'을 말한다. 그러므로 공자는「헌문(憲問)」편에서 "군자로서 어질지 못한 이는 있지만, 소인으로서 어진 이는 아직 없었다.(君子而不仁者有矣夫,

未有小人而仁者也.)"라고 하여서 당시 귀족통치자들의 이익을 지키기 위한 이념적 근거로서 사랑의 정치를 주장했던 것이라는 계급적인 한계를 가지고 있었다.

그런데, 묵자는 백성을 고르게 아끼고 사랑하는 것이란 본디 하늘의 뜻이라고 하였고, 인간이 어째서 사람들을 사랑해야 하는지에 대하여 설파하였다. 묵자는 『묵자・천지중(天志中)』편에서

> 나는 하늘이 백성을 두터이 사랑하신다는 것을 아는 근거가 있다. "하늘은 해와 달과 별들을 펼쳐 놓음으로써, 밝게 인도해 주시고, 춘하추동의 사계절을 만들어 놓음으로써 그들의 기강이 되게 하시고, 눈・서리・비・이슬을 차례로 내려 줌으로써 오곡과 삼베를 자라게 하여 백성들이 거기에서 재물과 이익을 얻게 하신다."라고 하였다.(吾所以知天之愛民之厚者有矣. 日以磨爲日月星辰, 以昭道之, 制爲四時春秋冬夏, 以紀綱之, 雷降雪霜雨露, 以長遂五穀麻絲, 使民得而財利之.)

라고 하였는데, 위의 대목은 마치 은(殷)대에 하늘을 숭배하였던 성대한 종교의식을 보는 것과 같다. 그런데 주(周)대에 들어서면서부터 인간 중심의 문물제도가 갖추어지면서 종교적인 의식이 점차로 희박해지고 인간들이 제정한 사회 윤리 의식(儀式)을 보다 중시하게 되었다고 하였다. 그래서 공자의 시대에 오면 하늘의 도리인 천도(天道)를 공자 자신의 인(仁)사상에 있어서 절대적인 근간으로 삼았으면서도, 공자는 현실 사회에서 사람이 지켜야 할 도리에 힘쓰고 귀신을 공경하되 멀리하는 것을 오히려 지혜롭다고 했듯이, 사람들의 일상적인 생활 윤리에 보다 중점을 두었던 것이다.

그런데 묵자는 백성을 두루 아끼며 사랑해야 한다는 겸애설(兼愛說)의 절대 명분을 '하늘의 뜻[天志]'에 두고 귀신의 존재까지도 분

명히 인정하고 있는 것이니, 묵자는 분명 공자가 말했던 차별적인 사랑과 하늘로부터 결별하여 인간중심 사상을 설립하려는 것에도 반대했다. 그래서 묵자는 하늘에는 세상의 백성을 사랑하고자 하는 뜻이 있으며, 인간은 이 하늘의 뜻에 복종해야 하고 인간의 생각과 행동을 평가하는 통일된 기준인 천지론(天志論)은 절대적이라고 하였듯이, 묵자의 하늘에 대한 의식은 진정 종교적이라고 만다.

묵자는 「천지(天志)」편에서 사랑은 곧 하늘의 뜻이라 하였듯이, 세상이 어지러워진 이유를 서로 사랑하지 않기 때문이며, 사람들이 하늘의 뜻을 잘 따라서 유가에서와 같은 '차별적인 사랑[別愛]'이 아닌 두루 사랑하는 '겸애(兼愛)'를 실천해야만 세상이 잘 다스려지게 된다고 했다. 공자는 사랑의 실천 방법에 있어서 자기 가족으로부터 시작하여 행하고서 힘에 남음이 있으면 이웃에게로 미루어 가라는 식이다. 즉 공자가 이웃을 미워하라는 말을 하지는 않았지만, 결국 자신을 중심으로 사랑을 미루어간다는 것은 이기적, 지역적, 혈연적인 한계를 벗어나지 못하는 폐단을 보이기 마련인 것이다. 이에 비하여 묵자가 사랑하는 방법은 남과 나를 구별하는 것이 아니라 남을 나와 등등하게 두는 것에서부터 비롯한다. 그래서 "남의 나라 보기를 자기의 나라 보는 것처럼 하고, 다른 집안 보기를 자기 집안 보는 것처럼 하고, 다른 사람 몸 보기를 자기 몸을 보는 것처럼 한다.(視人之國. 若視其國. 視人之家. 若視其家. 視人之身. 若視其身.)"라고 하였다. 사랑 애(愛)자를 지금은 '사랑하다'라는 뜻으로 새기지만, 본래는 '아끼다' '인색하다'의 뜻이라고 했다. 이것은 지배계층의 일반 백성에 대한 사랑의 방식을 말한다. 즉 묵자가 말하는 겸애라는 것은 사람들이 자기 자신을 아끼듯이 자기 이외의 모두를 사랑하라는 것이다. 유가(儒家)의 인(仁)이 묵가와 마찬가지로 사랑[愛]을 주요 주장으로 삼았지만, 모든 이를 무차별적으로 사랑하라는 것이 아닌 차별적인 것인데 비하여, 묵자의 겸애(兼愛)는 바로 하늘의 뜻이며, 모두가 그 뜻에 순종해야 한다고 가르쳤다.

그런데 이러한 무차별적인 사랑이 반드시 숭고한 자기의 일방적인 희생을 전제로 하는 것만은 아니다. 묵자는 「겸애하(兼愛下)」편에서 "반드시 내가 먼저 다른 사람의 어버이를 사랑하고, 이롭게 하는 것에 힘쓴 다음에 다른 사람도 나의 부모를 이롭게 하고 사랑하는 일로써 보답한다.(必吾先從事乎愛利人之親. 然后人報我以愛利吾親也.)"라고 했듯이, 겸애가 모두를 고르게 사랑하여 이롭게 하는 것이지만, 그것은 결국 자신도 이롭게 한다는 의미에서 '겸애교리(兼愛交利)' 즉 두루 사랑하되 서로에게 이익이 되도록 한다는 것이다. 그러므로 묵자의 겸애는 실리적인 사랑을 말한 것으로 역시 매우 현실적인 의미도 갖는다는 것을 알 수 있다.

이렇듯 보편적 사랑을 강조한 묵자의 겸애설에 대하여, 사회적 화합을 이루는 실제적 바탕이자 이론적 토대인 가족 간의 화합을 중시하였던 맹자(孟子)가 "묵씨가 두루 사랑한다고 하는데, 이것은 자신의 아비도 없는 것처럼 여기는 것이다. 아비도 없고 임금도 없는 것은 금수와 같은 짓이다(墨氏兼愛, 是無父也, 無父無君, 是禽獸也.)"라고 맹렬한 공격하기도 했다.

그러나 묵자가 말한 하늘의 뜻이란, 결국 세상에서 두루 사랑하는 것을 통해서 이로움을 일으키고, 해로움을 제거함으로써 백성의 행복을 보장해 주라는 것이다. 그래서 모두 함께 더불어 사랑하며,

힘 있는 이는 열심히 남을 돕고 재산이 있는 이는 남에게 나누어 주며, 도리를 아는 이는 남을 잘 가르치며, 지나친 음악과 장례행사로 재물을 탕진하는 없어야 한다고 했다.

그리고 유가의 차별적 사랑이 의(義)를 지나치게 중시하고 이(利)를 지나치게 경시했다고 할 수 있다면, 묵가는 의와 이를 통일시켰다고 할 수 있다. 이것이 공자 유가에서 남을 사랑하라는 애인설(愛人說)과 묵자의 겸애설이 구별되는 것인데, 묵자는 「경설(經說)」편에서 거듭 "의로움은 이롭게 하는 것이다.(義, 利也.)" "이로움이란 얻으면 기쁜 것이다.(利, 所得而喜也.)"라고 하였으니, 역시 맹자가 "묵자는 겸애를 주장하여, 머리끝에서 발꿈치까지 털이 닳아 버릴 만큼 천하에 이로운 일이라면 행하였다.(墨子兼愛, 摩頂放踵, 利天下爲之.)"라고 비난했지만, 묵가는 의(義)와 이(利)를 통일시킨 실리주의적인 입장에서 말한 것이지 남을 위해 무조건 희생하는 '숭고한 사랑'만을 말하는 것이 아니다.

이러한 묵자의 사랑 방정식은 그의 정치사상에까지 이어진다. 정치사상 방면에서 공자는 사람들에 대하여 차별적인 의식을 가지다 보니 인재를 등용하는 데에 있어서 혈연(血緣), 지연(地緣), 학연(學緣)과 같은 것을 따지는 폐단을 낳게 되었다는 비난을 받는 것인데, 묵자는 인재를 등용하는 방면에서도 그와 같은 차별적 의식이 있어서는 안 된다고 하였다. 묵자 정치사상의 핵심은 의정론(義政論)이다. 의정이란, 맹자가 말한 왕도(王道)나 패도(覇道)가 아닌 하늘의 뜻을 따르며, 겸애(兼愛)를 실천하는 정치이고, 하늘을 거역하는 것은 역정(逆政)이라고 했다. 이러한 의정(義政)의 실

천 방법의 하나로 어진 이를 높인다는 뜻인 '상현(尙賢)'을 들었다. 묵자는 「상현」편에서

> 옛날 요(堯)임금이 순(舜)을 등용하고, 탕(湯)임금이 이윤(伊尹)을 등용하고, 무정(武丁)이 부열(傅說)을 등용했다. 어찌 골육의 친분 있는 이, 아무 이유 없이 부귀한 이, 얼굴만 예뻤기 때문에 등용하였겠는가?(昔者堯之擧舜也, 湯之擧伊尹也, 武丁之擧傅說也. 豈以爲骨肉之親, 無故富貴, 面目美好者哉.)

라고 하였으니, 여기에서 상현(尙賢)이란 현명한 자를 받들어서 등용하라는 것이다. 묵자는 예를 들어서 훌륭한 왕들은 신분이 낮은 보통 백성이었던 순(舜), 노비출신으로서 요리사였던 이윤(伊尹), 막노동꾼이었던 부열(傅說) 같은 이들도 천한 출신이지만, 인정받아 등용되어서 나라의 높은 벼슬을 받아 정치를 잘 폈던 것처럼, 벼슬자리에는 문벌이나 신분에 관계없이 능력 위주로 사람을 뽑아야 하고 공적 위주로 대우해 주어야 한다고 했다.

그러므로 거꾸로 능력이 없는 사람이라면 비록 임금의 친척이나 귀족이라도 임용하지 말아야 한다고 주장했던 것이며, 「상현상(尙賢上)」편에서도 "관리라 하더라도 항상 존귀한 자리에 있는 것이 아니며, 백성이라고 해서 끝내 미천한 신분으로 끝나는 것이 아니다. 능력이 있으면 등용하는 것이고, 능력이 없으면 내쳐지는 것이다.(官無常貴. 而民無終賤. 有能則擧之. 無能則下之.)"라고 하였듯이, 지배와 피지배층 사이에 존재하는 세습적인 차별의식도 반대하였다.

공자 역시 널리 사랑하라는 의미에서, "널리 백성들에게 은혜를 베풀어라(博施於民)"라고 하며, 역시 어질고 유능한 이를 등용할 것

을 주장하지만, 이것이 봉건적인 계급제도를 옹호하는 입장에서 어디
까지나 지배층의 기득권을 수호한다는 차별적인 성격이 강한 것에
비하자면, 묵자의 상현론은 매우 의의 있는 주장이 아닐 수 없다.

2. 하늘에 귀신이 산다(?)

귀신의 존재에 관해서 공자는 현실세계에서 그것의 존재를 궁구
할 수 없으니 아예 언급하지 않으려 하였으며, 인격신으로서 하느
님의 존재를 믿지 않았으면서도 오히려 운명적인 존재로서 하늘의
명인 천명(天命)을 자주 거론하며, 숙명론을 중시하는 경향이 있었
다. 그런데 묵자는

> 예나 지금의 귀신이라고 하는 것은 다른 것이 아니다. 하늘의 귀(鬼)가
> 있고, 산과 물에도 귀신이 있고, 사람이 죽어서도 귀신이 되는 것이 있
> 다.(古之今之爲鬼, 非他也. 有天鬼. 亦有山水鬼神者. 亦有人死而爲鬼
> 者.『墨子·明鬼』)

> 지금 천하에 크고 작은 나라를 막론하고 모두가 하늘의 땅이고, 나이
> 많고 적고 귀하고 천한 이 모두가 하늘의 신하이다. 그러므로 모두가 양
> 과 소를 기르고 개와 돼지를 기른 다음 정결한 술과 젯밥을 담아 놓고
> 공경히 하늘을 섬긴다. …그러므로 "사람을 사랑하고 이롭게 하는 이는
> 하늘이 반드시 그에게 복을 내려 주고 사람을 미워하고 해치는 이는 하
> 늘이 반드시 재난을 내려준다"라고 하는 것이다.(今天下無大小國, 皆天
> 之邑也. 人無幼長貴賤, 皆天之臣也. 此以莫不犓羊, 犓犬豬, 絜爲酒醴
> 粢盛, 以敬事天, …故曰愛人利人者, 天必福之, 惡人賊人者, 天必禍之.『墨
> 子·法儀』)

라고 하였으니, 묵자는 오히려 귀신이란 존재가 하늘 뜻의 대행자로서 상벌을 내리는 존재로서 분명히 귀신이 존재한다고 주장하였다. 게다가 귀신에는 하늘의 보조자로서의 신(神)인 천귀(天鬼), 산천의 귀신인 지지(地祇), 사람이 죽어서 되는 인귀(人鬼)가 있는데, 귀신들은 모두 숭배의 대상이며, 이들 가운데 천귀(天鬼)가 가장 존귀하다고 했다. 이들 귀신들은 하늘의 뜻을 거역하는 인간을 벌한다고까지 했다. 묵자는 세상이 어지러워지기 시작한 것은 하늘에 대한 이러한 믿음에 의심을 품고 귀신이 상을 주고 벌을 준다는 것에 대해 의심하면서라고 했다.

그렇지만 귀신의 존재를 믿었던 묵자는 숙명으로서의 운명(運命)에 대해서는 부정하였다. 운명이란 포악한 임금이 만들어낸 것이고, 궁지에 몰린 사람들이 떠받드는 것이므로 인자(仁者)가 말한 것이 아니라고 하여, 하늘의 의지인 천지(天志)가 존재한다는 것은 강하게 주장하였지만, 운명으로서의 숙명론인 천명(天命)은 부정하였다. 그러므로 인격신으로서 천제(天帝)의 존재를 믿었던 묵자가 다른 한편으로는 천명(天命)을 부정하였다는 것은 모순된 것처럼 보이지만, 하늘의 의지는 섭리로서 만들어진 본래의 질서이며, 운명이란 맹목적이며, 비합리적인 입장에 불과하다고 여겼던 것이다.

묵자는 하늘의 의지만이 도덕의 절대적인 표준이어서 하늘의 뜻이 세상에 두루 미치는데, 거기에는 사사로움이 없이 두터워서 영원하다고 했다. 결국 하늘의 뜻이란 하늘 아래 모든 백성을 차별 없이 두터이 사랑한다는 것이며, 이러한 하늘의 뜻을 거스르면 하늘의 벌을 받을 것인데, 세상 만물 곳곳에 있는 귀신이 하늘을 도와 선한 이에게 상을 내리고 포악한 이에게 벌을 내린다고 했다.

이렇듯 묵자는 분명히 귀신의 존재를 인정하여 하늘의 뜻[天意]에 따르면 상을 줄 것이고, 거역하면 벌을 받을 것이라고 했다.

그렇지만 묵자는 하늘이나 하느님을 전지전능한 조물주로서 믿으라고 가르치지는 않았다. 오로지 하늘이 이 세상을 사랑한다는 믿음을 바탕으로 "세상의 이로움을 일으키고, 세상의 해로움을 제거하며,(興天下之利, 除天下之害)" 더불어 함께 사랑해야 한다는 겸애설을 주장하였다.

이러한 입장 역시 공자와는 상반되는 측면이 있다. 공자의 제자인 자하(子夏)가 "죽고 사는 것에는 운명이 있고, 부귀하게 되는 것은 하늘에 달려 있다.(死生有命, 富貴在天.")라고 말했던 것처럼, 공자학파에서는 거꾸로 하늘에 영험한 신적 존재가 있다고는 하지 않으면서 심정적으로는 오히려 운명적인 요소는 믿는 모순적인 경향을 가지고 있었던 것과는 상반된 입장이다.

3. 두루 사랑을 실천하기 위하여

묵자는 겸애를 실천하는 데에 가장 폐해가 되는 것을 전쟁이라고 보았다. 그것은 묵자가 살았던 춘추전국시대는 약육강식의 혼란이 거듭되던 시기로서 『사기(史記)』에서도 춘추시대에 신하에게 살해당한 임금이 36명이고 망한 나라가 52개국이며, 제후로서 망명하여 자신의 나라를 지키지 못한 이는 헤아릴 수도 없다고 했다. 백성을 이롭게 해야 한다는 것이 하늘의 뜻이니, 전쟁으로 인해서 많은 사람을 죽이는 것은 옳지 못한 것이라고 믿었다고 할 수 있다.

세상에서는 남의 과일이나 개, 돼지를 훔치거나, 한 사람이라도 죽이면 그것을 불의(不義)하다고 하면서 수많은 사람들을 전쟁에 몰아다가 죽이는 것은 불의(不義)라고 하지 않으니, 이보다 모순되는 것은 없다고 했다. 전쟁이란 정작 싸우면서도 많은 목숨을 잃지만, 전쟁이 끝나더라도 굶주림, 추위, 질병 등으로 말미암아 다치고 죽는 이가 수없이 많은 법이니, 결국 전쟁을 통해서 얻어지는 것보다 그 때문에 잃는 것이 훨씬 많게 된다고 했다. 그러므로 전쟁에서 승자란 없고 항상 피해자만이 남게 되는 것이라고 했다.

그렇지만 묵자는 전쟁 중에서도 덕이 있는 임금이 하늘의 뜻을 대신하여 포악한 임금을 정벌하는 것은 '주벌(誅伐)'이라 하여 사사로운 이익을 위해 벌이는 침략전쟁인 '공벌(攻伐)'과는 구별하여서 무력 쓰는 것을 긍정하였다. 탕(湯)임금이 걸(桀)을 정벌했던 것이나, 주나라를 세운 문왕(文王)과 무왕(文武)이 주(紂)를 정벌했던 것은 인정하였다. 그리고 혹시라도 남이 침략해 올 경우에는 단지 가만히 지키고 있으라고 하였으니, 이것을 '묵자의 지킴'이라는 뜻으로 '묵수(墨守)'라고 한다. 이렇듯 백성들에게 가장 피해를 주는 것은 전쟁이며, 왕다운 정치를 펴지 못하는 자에게 대한 역성혁명(易姓革命)을 긍정하였던 맹자의 왕도정치와는 매우 유사한 면이 있기도 하다.

그런데 묵자는 유가의 예법이 너무 번다하여 비용이 많이 드는 것에 우려했다. 그래서 특히 임금 된 자는 나라의 물품을 아껴 써야 한다고 했는데, 나라의 허례와 허식 역시 유가의 복잡한 예법으로부터 나온 폐단이라고 여겼다. 그래서 묵자는 「절용상(節用上)」편에서 나라에서 쓸모없는 비용을 제거함으로써 재산이 두 배가 될 수 있다. 성왕(聖王)이 정치를 함에 법령을 내고 일을 일으키고 백성들을 부리고 재물을 사용함에는 쓸모가 되게 하기 위해서가 아닌 것이 없다. 이 때문에 재물을 씀에 낭비가 없고, 백성들이 사는 데에 수고롭지 않으니, 그 이로움이 일어남이 많을 것이다.(因其國家去其無用之費, 足以倍之. 聖王爲政. 其發令興事使民用財也. 無不加用而爲者. 是故用財不費. 民德不勞. 其興利多矣.)

라고 하였으니, 이처럼 묵자는 임금이 백성을 사랑하는 또 하나의 방법은 물품을 절약해 쓰는 것이라고 했다. 왜냐하면 모든 물품은 백성들의 수고에 의해서 만들어지는 것이기 때문이다. 여기에다가 왕까지도 사치를 삼가고 생산에 힘쓰며 소비를 줄이며, 장례를 간소하게 치르며, 음악(音樂)과 가무(歌舞)를 삼가해야 한다고 했다.

공자 역시 유가에서 말한 복잡한 예법을 하나하나 형식적으로만 지키는 것보다는 그 예법의 정신을 지키는 것이 더욱 소중하다고는 말했고, 한편 음악에 대하여 인간의 보편적인 심성을 불러일으키는 것이니, 음악을 통해서 일반 백성들이 나라와 지배층에게 평소에 갖고 있던 불평불만을 풀어낼 수 있다고 하여 음악의 기능을 매우 중시했던 것에 비하여 묵자는 음악 자체가 가지는 순기능을 완전히 부정한 것은 아니지만, 궁중에서 음악을 하느라 들어가는 비용의 정도가 지나치면 사치와 낭비의 근원이 되고 이것 때문에 백성들이 일해야 하는 시기를 놓치기 십상이니 공자가 그렇게도 중시했던 음악 역시 삼가야 한다고 했다.

이렇듯 겸애와 절용을 기초로 한 묵자의 민본주의 정치는 지배계층의 특권이랄 수 있는 관직의 독점과 예악(禮樂)을 부정하였기 때문에라도 진한(秦漢)대 이후 안정된 사회로 들어서면서 특히 유가의 상하 위계질서의 수호를 중시하는 예법(禮法)이 특히 강조되면서 묵가사상이 지배층으로부터 집중적으로 억압을 받고 묵자학파 자체가 완전히 소멸되었을 가능성이 높다고 한다. 이밖에도 묵자의 사상에는 매우 당시 피지배층 백성들을 위한 여러 사상내용들이 소개되어 있다. 그런데 아쉽게도 이후 오늘날까지 그와 같은 묵자의 이념은 저작으로서 흔적으로만 남아 있다.

이처럼, 묵자는 백성들을 사랑하는 정치를 펴야 한다고 했던 공자나 맹자의 사상 역시 계급적 한계성을 가지고 있다고 단정하고 백성들에게 좀 더 보편적이며 실질적인 도움으로서 사랑의 정신을 일깨운 사상가였다고 할 수 있다. 오늘날에 있어서 묵자 사상의 의의는 무엇일까?

제12강

유가의 이단자들(2)-순자(荀子)

1. 공자의 학술전통을 존중했던 순자

우리에게는 순박한 시골 아가씨의 이름으로나 적당할 것 같은 이름의 순자가 이번의 주인공이다. 순자 역시 공자 유가학파의 계승자로서 송대(宋代) 이전까지만 해도 확고한 영향력이 있었는데, 공자의 천도관(天道觀)과 맹자의 이상적인 성선설에 비판적이었다는 이유 때문에 주자(朱子)가 『맹자』를 당시 사대부의 필독서의 하나로 사서(四書)에 편입하면서 세력이 약화되었다. 앞서 논했던 부문 가운데 성선설과 성악설의 논쟁에서도 살펴보았듯이, 흔히 맹자가 공자 유가의 정통을 이었다면, 순자는 상대적으로 이단으로 불린다고 했다.

오늘날 유가사상을 흔히 공맹사상(孔孟思想)이라 하여 마치 공자와 맹자만이 유가를 대표하는 것처럼 오해하게 되었던 이유 역시 송대(宋代) 이후의 유학자들이 순자가 맹자와 달리 인간의 본성이 악하다고 보았고, 순자가 유가를 탄압하였던 진시황(秦始皇)을 도와 중국을 통일하는 데에 지대한 역할을 하였던 이사(李斯)와 진(秦)의 사상적 토대인 법가(法家)를 집대성한 한비자(韓非子)가 그의 제자였다는 점 등을 부각시킴으로써 순자를 부정적으로 보는 입장이 강했기 때문이다. 그렇지만 순자의 사상이야말로 시대를 이끄는 진보적이며 논리적인 학문자세를 견지하고 있고 당시까지의 여러 사상을 아우르고 있는 만큼 오늘날까지도 깊이 되새겨 볼 만한 대목이 많다.

순자와 그의 사상이 유가의 이단으로서만이 아니라 이후 춘추전국시대 제자백가의 사상을 총결하였다고 할 수 있는 법가사상의 모태로서 새로운 사상의 연원이 되게 하였다는 점에 의의를 두고 순자가 당시 세상에 하고자 했던 말이 무엇이었으며, 오늘의 우리들에게는 또 어떤 시사점을 건네주고 있는지 살펴보도록 하자.

순자(荀子)에 대한 기록은 『사기(史記)·순경열전(荀卿列傳)』에 간략하게 전할 뿐이다. 순자는 순경(荀卿)이라고도 불리며, 조(趙)나라 사람으로서 나이 50에야 비로소 제(齊)나라 임치(臨淄)에 가서 공부를 하였다. 그곳에는 일종의 아카데미 하우스라고 하는 학궁(學宮)이 있었고, 제나라 양왕(襄王)시절에 순자는 그곳에서 세 번이나 당시 최고의 학자들만이 오르는 좨주(祭酒)가 되었다. 좨주는 나라의 연회나 제사를 주관하는 원로를 말하는 것이니, 당시 최고의 학자가 당연히 맡는 직책이라고 할 수 있다. 나중에 초(楚)

나라의 춘신군(春申君)의 추천으로 난릉(蘭陵)의 수령이 되었다가 BC 238년에 춘신군이 암살되자, 자리에서 물러나 제자들을 교육하고 저술에 전념하며 여생을 마쳤다고 한다.

그런데 순자가 유학한 제(齊)나라 임치(臨淄)의 직하(稷下)라는 곳은 일찍이 제환공(齊桓公) 때 설치한 학궁(學宮)으로 우수한 문인 학자들을 초빙하여서 잘 대우해 주며 그들에게 자유로이 학술 문화 및 정치 활동을 할 수 있도록 보장해 주던 곳이다. 순자의 시대에도 여러 유명한 학자들이 모여 연구하고 토론하였으며, 맹자도 한때 이곳에서 머물렀다고 한다. 여기에서 순자가 세 번이나 좨주에 올랐다고 하는 것으로 당대 학자들 가운데 최고의 영예를 누렸다는 것을 알 수 있다.

순자가 최고의 학자라고 불리는 데에 모자람이 없는 것은 그의 저작인 『순자』를 보더라도 알 수 있다. 그의 저술은 당시 다른 제자백가들의 저작에 비해서 체제나 서술형식 방면에서도 매우 학술적이며 전문적이다. 『순자』는 순자 자신이 직접 쓴 것이며, 각 편마다 한 주제를 정해 놓고 자신의 주장을 논설체로 자세히 설명하고 논증하며, 엄격성까지도 갖춘 서술형식으로 이루어져 있어서 다른 제자백가의 저술과는 내용과 형식에 있어서도 격이 다르다.

순자는 「해폐(解蔽)」편에서 공자에 대하여 언급하기를

> 공자는 어질고 지혜로우며 편견이 없었다. …그러므로 그의 덕은 주공(周公)과 나란히 할 만하고, 이름은 하·은·주의 삼왕(三王)과 함께 할 만하다. 이것은 편견이 없었던 그의 복으로 말미암은 것이다.(孔子仁知且不蔽, …故德與周公齊, 名與三王竝, 此不蔽之福也.)

라고 한 만큼, 공자야말로 '완전하고도 투철핸(全之盡之)' 존재라고 하여 한껏 높였고, 맹자 역시 공자를 '집대성(集大成)'이라하며 공자의 적통임을 각각 자임하였다. 그런데 이후 유가는 맹자의 성선설과 같은 관념적인 이상론이 득세하게 되었다. 순자는 특히 공자의 예(禮) 사상을 내세워, 제자백가(諸子百家)의 사상을 비판적으로 받아들이면서 객관적인 입장에서 유가의 학술사상을 재정비하였다. 먼저 공자나 맹자에게 있어서 도덕적 기초를 이루는 것으로 생각되어 온 하늘의 권위인 천도(天道)를 부정하였으니, 순자는 하늘이란 인간의 도덕적 가치와는 아무런 관계도 없는 자연의 하늘에 불과하다고 하였다. 이것은 자연으로부터 인간의 독립선언을 의미하기도 한다.

앞서 이미 서술하였던 것처럼, 유가도 도가도 묵가도 그들의 사상적 근원은 모두 하늘에 있다고 했다. 유가에서는 하늘에 절대질서로서의 천도(天道)가 있다고 했으며, 도가에서는 그 하늘에 무위자연의 운행법칙이 있다고 하였으며, 묵가에서는 하늘에는 인간을 사랑해야 한다는 의지와 그것을 실천하지 않으면 처벌하는 귀신도 있다고 하여 좀 더 종교적으로 접근하기도 하였다. 그러므로 인간은 그러한 하늘의 법도를 잘 본받아야만 행복해 질 수 있다고 하였다. 이러한 하늘에 대한 일종의 숭배 아닌 숭배가 춘추전국시대 내내 중국의 선생님들인 제자백가들의 의식에 자리 잡고 있었다. 이렇듯 그랬던 절대 권위의 상징인 하늘을 순자는 부정하였다.

순자는 '하늘이란 스스로 존재하는 것'이라고 했다. 순자는 「천론(天論)」편에서 하늘이 운행하는 법도에는 한결같음이 있다. 성군이신 요(堯)임금을 위해서 존재하는 것도 아니고, 못된 걸(桀)왕 때문에 없어지지도 않는다. 그것에 대응하여 잘 다스리면 좋을 것이고, 그것에 대응하여서 어지럽히면 나빠질 것이다. 근본에 힘써서 절약하면 하늘도 가난하게 할 수 없으며, 잘 길러서 갖추어 때에 맞게 적절히 하면 하늘도 병들게 할 수 없을 것이다. …그러므로 하늘과 인간의 구분을 잘 깨우치면 지인(至人)이라고 할 만하다.(天行有常, 不爲堯存, 不爲桀亡. 應之以治則吉, 應之以亂則凶. 彊本而節用, 則天不能貧. 養備而動時, 則天不能病. …故明於天人之分, 則可謂至人矣.)

라고 하였으니, 이 대목은 하늘이 인간사회의 질서를 관장하는 주재자가 아님을 분명히 말한 것이다. 하늘은 인간이 살아가는 가치의 절대기준이 될 수 없다는 것이며, 인간은 하늘에 오로지 대응하기를 잘 하고 못함에 따라 행복과 불행에 영향을 받을 뿐이라고 했다. 이와 같은 하늘에 관한 생각은 공자가 천도(天道)와 천명(天命)을 언급하였고, 맹자가 하늘과 사람이 하나가 되는 것을 뜻하는 '천인합일(天人合一)' 사상을 말하였고, 노자는 하늘에서 '무위자연(無爲自然)'의 이치를 보고 그것에 조화롭게 실천해 가야 한다고 강조했고, 묵자가 하늘에 대한 종교적 의식을 가졌던 것에 반하여 순자는 '하늘과 인간 세상이 서로 감응(天人感應)'하는 것이 아닌 별개의 존재라고 했다.

특히 맹자의 천명관(天命觀)은 하늘이 인간의 일을 결정하고 임금의 권한도 준다고 하였던 것에 반하여 순자는 하늘의 변화는 자연스럽거나 특이한 현상일 뿐이며, 인간사회의 변화와는 별개의 존재로 보아야 한다고 했다. 그러므로 "하늘과 인간 사이의 구분을 분명히 해야(明於天人之分)" 한다고 했다. 즉 "하늘은 인간이 추위를 싫어한다고 해서 겨울을 그치게 하지 않고, 땅 역시 인간이 먼 것을 싫어한다고 해서 그 광대함을 거두지는 않으며,(天不爲人 之惡寒也, 輟冬. 地不爲人之惡遼遠也, 輟廣.)" 오로지 "하늘에는 사계절과 같은 시절이 있고, 땅에는 재화가 있으니, 사람은 그것들을 잘 다스리면 되는 것이다.(天有其時, 地有其財, 人有其治.)"라고 한 것처럼, 인간이란 자연물로서 하늘과 땅의 변화를 잘 익혀 활용하여야지 하늘과 땅을 닮으려고 해서는 안 된다고 했다.

순자는 하늘의 존엄함을 인정하지 않았다. 아주 오래전 인간이 인간됨을 의식하기 시작하던 때부터 하늘의 존재는 마냥 위대하기만 했다. 하늘 가운데 엄연히 떠 있는 태양이 모든 지구 생명의 근원이라고 여기며 숭배하던 단계에서 눈, 비, 산, 흙, 강 등등 하나하나 모든 자연만물이 인간의 삶을 이어주는 고마운 존재임을 인식하고 늘 고마워하던 때를 거쳐서 공자, 노자, 묵자에 이르기까지 순자보다 앞선 시대에 인류의 스승들이 모두 그 하늘을 쳐다보며 자신들의 사상과 이념을 떠받치던 때가 바로 얼마 전인데, 순자는 과감하게 이들의 하늘에 대한 의론이 틀렸다고 단언하였다.

문득 여러분은 한여름 밤 한창 단잠에 빠져 꿈나라를 헤매던 중 어느새 장대비가 쏟아지며, 천둥과 번개가 치는 것에 놀라 잠에서 깨면 어떤 느낌이 드시는지? 지난날 내가 알게 모르게 저질렀던 온갖 잘못이 새록새록 떠오르지 않으시나? 길지도 않은 나의 삶에서 그토록 많이 저질렀던 나의 잘못들을 벌하기 위해서 하늘이 저리도 진노하여 천둥과 번개가 치고 있는 것은 아닐까? 여기까지 생각이 미치면, 살짝 두려움이 밀려오기 시작할 것이다. 이 순간 인간이 할 수 있는 것은 무엇일까? 이 사람의 성향이 종교적이라면 두 손을 모아 그 동안 자기가 저질렀던 잘못에 대한 용서를 구할 것이고, 이 사람의 성향이 과학적이라면 집 안팎의 배수시설을 살피고 번개 맞을 가능성에 대비하여 피뢰침을 점검하지 않을까? 여러분은 전자와 후자 가운데 어디에 속하시는가요? 이때 누군가가 그 번개에 직통으로 맞아 운명을 달리 했다는 소식을 들으면 또 무슨 생각이 들까? 전자의 경우라면 그 사람은 분명 이 세상에서 엄청 많은 잘못을 저질렀나 보다 싶을 것이고, 후자의 경우라면 벼락 맞은 사람이 아주 재수 없는 사람이라고 여길 것이다. 만약 순자였다면 분명 후자의 경우에 들 것이다.

순자 역시 이와 비슷한 예를 들어서 자신의 하늘관에 대하여 설명하고 있다. 「천론」편에서

> 하늘에서 별이 떨어지고 나무가 울면 세상 사람들은 모두 두려워한다. "이것은 어째서인가?" "아무것도 아니다. 이것은 하늘과 땅의 변이이며, 음양의 변화로서 사물에 드물게 일어나는 것이니, 이상히 여길 수는 있으나, 두려워할 것은 아니다."라고 하였다.(星隊木鳴, 國人皆恐. 曰: "是何也?" 曰: "無何也. 是天地之變, 陰陽之化, 物之罕至者也. 怪之可也, 而畏之非也.")

라고 하였다. 예나 지금이나 많은 사람들은 하늘이 인간의 길흉화복을 결정한다고 믿는 경향이 있다. 그래서 하늘에서 별이 떨어지는 기이한 현상이 나타나면 나름대로 풀이하여서 괜스레 좋아하기도 하고 두려워하기도 한다. 그러한 기이한 현상을 좋거나 나쁜 징조라고 무턱대고 믿기 때문이다. 특히 순자가 이 대목에서 말한 하늘의 별이 떨어지거나 나무가 괜히 웽웽 울어댄다면, 이것이 마치 죄 많은 인간에 대한 하늘의 경고 같은 것이 아닌가하고 두려

워하며 조심하게 되기도 하는데, 순자는 이러한 하늘의 이상스런 현상에 대하여 과학적으로 그것의 원인 등을 밝혀낼 수는 없었지만, 그 역시 기이하지만 자연스러운 현상일 뿐 그것에는 어떠한 의지가 있어서 그런 것이 아니라는 것이다.

이렇듯 자연의 기이한 현상이 바로 하늘이 인간을 벌하기 위해서 생긴 현상이라고 또는 인간 세상에 무언가 경고하려는 것이라고 여기는 것을 재이설(災異說)이라고 한다. 하늘의 재앙[災]이나 이상 현상[異]에 대하여 좀 더 조심하고 순종해야 한다는 이론이다. 그러므로 임금이 현명하고 정치가 잘 다스려지면 그런 자연의 이상스런 현상이 아무리 자주 일어난다고 해도 해로울 것이 없으며, 거꾸로 정치가 어지러워지면 그런 현상이 일어나지 않더라도 이로울 것이 없다는 것이다. 오히려 중시해야 할 것은 인간이 저지르는 예의질서의 파괴로 인해 생기는 사회 정치적인 혼란이 거듭되는 것이며, 하늘은 이것과 함께 결코 인간을 위해서 부유하게도 가난하게도 할 수 없다고 했다.

역사책에서 종종 접하는 기사 가운데 다음과 같은 내용이 있다. 어느 해인가 아주 오랫동안 비가 내리지 않아서 세상 사람들이 온통 죽을 맛이라서 드디어 하늘의 아들이라고 자처하는 왕이 나서서 자신이 부덕(不德)하네 어쩌네 하며 기우제를 지냈더니만 얼마 안 가서 비가 정말 내리더라나. 이것을 보고 많은 보통 백성들은 하늘이 감응하신 게 틀림없다고 했을 것이며, 하늘뿐만 아니라 그 왕에 대한 충성심도 한층 증대되었을 것은 틀림없다. 순자라면 이 것을 보고 무엇이라고 했을까? 순자는 비가 오게 되어 있는 것인데, 기우제와 절묘하게 시기가 잘 맞아서 비가 내렸을 뿐이라고 할 것이다. 아니면 그 비가 내릴 때까지 기우제는 계속될 것이니, 결국 비가 오게 된 것은 하늘의 아들인 왕의 기우제 덕분이 되는 것이라고 여겼을 것이다.

이런 순자의 생각이 공자와 맹자가 사람이 죽고 사는 데에 명(命)이 있고, 부귀(富貴)는 하늘에 달린 것이라는 식의 천명론(天命論)을 주장하였던 관념론과 노장사상의 신비주의적 자연관, 그리고 묵자의 하늘에 대한 종교적 의식까지도 옳지 못하다고 비판한 것이며, 당시까지 하늘이 가졌던 권위를 한 순간에 부정하는 것이라고 하겠다.

하늘이 만물을 생성하고 길러준 것은 어디까지나 자연스레 그렇게 된 것이며, 오로지 인간만이 이 세상에서 목적과 의식을 가지고 살아 나아가는 존재로서 자연이 주는 은혜를 기다리지 말고 적극적으로 자연을 극복하여 이용할 줄 알아야 한다고 한 것이다. 그러므로 나라 다스리는 자는 "임금은 배와 같고, 백성은 물과 같다. 물은 배를 띄울 수도 있고, 뒤집을 수도 있다.(君者舟也, 庶人者水也. 水則載舟, 水則覆舟.『荀子 · 王制』)"는 것을 잘 기억하고 오로지 백성을 소중하게 여길 줄 알아야 한다고 했다.

이 말은 마치 하늘의 뜻을 거역하면 백성들에게 쫓겨날 수 있다는 맹자의 혁명사상이나 묵자의 천지론(天志論)과도 비슷하다. 다른 점이라면 순자는 백성들의 의지를 좀 더 중시하였다는 점이다. 그리고 맹자가 임금과 백성의 관계를 마치 부모 자식의 관계와 같아야 한다고 한 것과 유사하게 순자 역시 임금은 시내의 윗물처럼 바람직한 모범이 되어야 하며, 임금은 백성에 대해서 그릇과도 같은 존재라서 그릇이 생긴 대로 담기는 물의 형태가 네모나고 둥글

듯이 임금은 백성의 거울이 되어야 한다고 했다. 그렇지만 순자가 인간의 주재자는 하늘이 아니라 인간이라고 한 만큼 임금이 자리를 보존할 수 있느냐 아니냐의 관건은 역시 직접적으로 백성의 의지에 의해 결정이 된다고 한 것은 순자 사상에 매우 진보적인 의식이 담겨 있다는 것을 의미한다.

2. 인간의 사회는 오로지 학습과 예법으로

공자와 맹자는 인간이 타고나는 선한 심성만으로도 세상은 옳게 다스려질 수 있다고 여겼다. 공자는 『논어·위정(爲政)』편에서

> 백성들을 이끌기를 정치로써 하거나 형벌로써 하면 백성들은 죄에서 모면하려 하고 부끄러워할 줄 모른다. 이끌기를 덕으로써 하고 예로써 가지런히 하면 스스로 부끄러워할 줄 알고 올바르게 된다.(道之以政, 齊之以刑, 民免而無恥. 道之以德, 齊之以禮, 有恥且格.)

라고 하였고, 맹자는 「양혜왕(梁惠王)」편에서

> 왕께서 백성들에게 어진 정치를 펴시어, 형벌을 내리는 것을 잘 살피며, 세금을 거두는 것을 적게 하면, 백성들은 깊게 밭을 갈며 김을 맬 것이며, 장성한 이는 여가를 이용해서 효성, 우애, 충성, 믿음을 잘 닦아서 집안에 들어가서는 어른을 잘 섬길 것이요, 밖에 나아가서는 윗사람을 잘 모실 것이니, 이들에게 몽둥이를 만들어서라도 진(秦)이나 초(楚)나라의 견고한 갑옷과 예리한 병기와도 맞서 싸우게 할 수 있을 것이다.(王如施仁政於民, 省刑罰, 薄稅斂, 深耕易耨, 壯者以暇日, 修其孝悌忠信, 入以事其父兄, 出以事其長上, 可使制梃, 以撻秦楚之堅甲利兵矣.)

라고 하였다. 순자가 보기에 이러한 정책과 가르침은 그야말로 공허하기 짝이 없는 것이다. 공자가 생각한 인간 최고의 덕목인 인(仁)은 극기복례(克己復禮)를 통해서 실현되는 것이라고 하였듯이, 인과 예를 사람이 살아가는 데에 있어서 최고의 도덕적 가치 기준으로 삼았다. 공자에게 있어서 인과 예는 앞서 말한 것처럼 천도(天道)로부터 이념적 근거를 삼은 것인데, 공자는 이것을 인간 사회에서도 지켜져야 할 절대원칙으로 끌어다가 삼았던 것이다. 그렇지만 순자는 이미 하늘과 인간사회와의 관계를 단절시키고 인간 사회의 질서는 인간 스스로 개척해 가야 하는 것이라고 했다. 그러므로 절대원칙으로서 인(仁)보다는 인간사회의 질서를 규정한 예(禮)에 관해서 보다 현실적인 방면에 집중하여 논의를 전개시켰다.

　순자는 인간이 타고나면서 좋은 것을 얻으려는 욕망대로 살아가려 하지만 세상의 물질이 충분하지 못해 욕구를 다 충족시킬 수 없으므로 경쟁이 생기고 경쟁에서 이기려는 욕심 때문에 결국 극단적으로 싸우는 데에까지 다다르게 된다고 하였다. 그러므로 인간이 악해진다는 것이며, 이것을 예로써 다스리지 않으면 안 된다고 한 것이다.

　인간이란 존재는 육체적으로는 세상의 어느 짐승보다도 약하지만, 무리를 지어 사회를 유지할 줄 아는 지혜가 있는데, 이것은 모두 학습을 통해서 그러한 예법과 지혜를 얻을 수 있기 때문이며, 인간의 본성이 악하지만, 그가 선한 것은 인간의 인위적인 노력인 '위(僞)'를 통해서 가능하다고 하였으니, 악하게 타고나는 성(性)은 어찌 할 수 없지만, 성인이 제정한 예의(禮義)의 학습을 통해서 악한 본성을 억지로라도 선한 데로 이끌고 가야 한다고 했다. 마치

"아무리 천리마라도 한번에 10보를 뛸 수는 없으며, 아무리 노둔한 말이라도 10배로 달리면, 목적에 도달하는 것이니, 그리 될 수 있느냐 하는 관건은 끊임없는 노력에 달려 있다.(騏驥一躍, 不能十步, 駑馬十駕, 功在不舍.)"라고 하여, 아무리 재주가 없는 자라도 꾸준히 노력하면 결국 성공한다고 말했다. 「권학」편에서는

 배우는 것은 그만 둘 수 없다. 청색은 남색에서 나왔지만, 남색보다 푸르다. 얼음은 물이 그것으로 되었지만, 물보다 차다. …그러므로 나무는 줄자를 대어야 곧게 되고, 쇠는 숫돌에 갈아져야 날카로워진다. 군자는 널리 배우고 하루에 세 번 스스로를 살피면, 지혜가 밝아지고 행동에 허물이 없게 된다.(學不可以已. 靑, 取之於藍, 而靑於藍. 冰, 水爲之而寒於水. …故木受繩則直, 金就礪則利, 君子博學而日參省乎己, 則智明而行無過矣. 『荀子·勸學』)

라고 하여, 파란 색이 남색에서 나왔지만, 더 푸르다는 뜻의 '청취어람(靑取於藍)'이나 곧은 나무로 쓸모가 있기 위해서는 줄자라는 도구가 필요하고, 아무리 무딘 쇠라도 숫돌에 갈아지면 날카로워질 수 있다는 예를 들어서 그와 같이 꾸준히 노력하면 질적 변화까지도 이루어낼 수 있다는 것을 주장하였다. 물론 순자의 경우에도 『순자·왕제(王制)』편에서

 성(聖)이 힘써서 될 수 있는 것이라고 하였는데, 그러나 모두 힘쓸 수 없는 것은 어째서 입니까?"라고 하자, "될 수는 있는데 시킬 수는 없다."라고 하였다. …소인과 군자는 일찍이 서로 될 수 없던 적이 없다. 그런데 서로 되지 않는 것은 될 수는 있지만, 시킬 수는 없어서이다.(聖可積而致, 然而皆不可積, 何也? " 曰: "可以而不可使也." …小人君子者, 未嘗不可以相爲也. 然而不相爲者, 可以而不可使也.)

라고 한 것처럼, 누구나 군자가 되는 것만은 아니라는 단서를 달기는 하였지만, 보통의 백성이라도 노력하여 학문을 쌓고 도덕적인 수양을 닦으면 높은 벼슬에 오를 수 있는 것인데, 다만 그렇게 되려고 하지 않아서 못 되는 것이지 타고나면서부터 아예 못하는 것은 아니라고 했다.

공자나 맹자가 학문의 중요성을 밝히고 항상 배워야 할 것을 강조했듯이, 순자 역시 인간의 악한 본성을 제어하여 선으로 나아가게 하기 위해서는 학문과 예의 수양이 필요하다고 했다. 공자가『논어』에서 첫 장인 「학이(學而)」편에서 "배우고 늘 익히니 참으로 기쁘지 아니한가!(學而時習之, 不亦說乎!)"라고 하여서 학문의 중요성을 강조하였고, 맹자는 인간의 선한 본성이 있다는 증거로 댄 사단(四端) 가운데 시비지심(是非之心)과 같이 옳고 그름을 판단하려고 하는 지적인 마음이 있다고 한 것처럼, 인간으로서 학문의 수양은 자연스러운 것이라고 한 것처럼,『순자』에도 역시 첫 편으로 「권학(勸學)」편을 두어 학문을 권장한 것만 보더라도 순자 스스로 공자의 정통을 계승하였다고 자부할 만하다.

그런데 순자의 배움은 곧 예의 수양을 말하는 것으로, 이것을 통해서 악한 인성을 제어하여 선으로 나아가게 하는 주요 수단이라고 여겼기 때문에라도 어느 면에서는 공자나 맹자보다 훨씬 학문의 중요성을 중시하였다고 할 수 있다.

순자 역시 배우기의 수순과 방법은 유가의 경전(經典)을 읽는 것에서 시작하고, 예(禮)를 읽는 것에서 마치는 것이며, 뜻은 사(士)가 되는 것에서 시작하여 성인(聖人)이 되는 것에서 마치는 것이니, 이와 같은 뜻에 참으로 힘쓰기를 오래도록 하면 바라던 경지에 들게 될 것이고, 아니면 배움이란 것은 죽음에 이르고 나서도 다다르지 못하는 것이라고 하였다.

그러므로 순자는 학문을 권장하여서 인간이 가지고 태어난 악한 본성을 씻고, 예를 통해서 사회의 질서를 유지할 뿐만 아니라 개인으로서도 성인과 같은 이상적인 단계에 오를 수 있다고 한 것이다.

여기에서 공자나 맹자는 원론적인 측면에서 인간은 인의(仁義)를 지니고 타고나며 그 타고난 인의를 갈고 닦아야 한다고 강조했다면, 순자는 인간의 사회생활 속에서 나타나는 부조리한 요인들에 대한 제재의 수단으로 학문과 예의 학습을 보다 실질적으로 강조한 것이 그들의 차이점이라고 할 수 있다.

이것은 공자가 살았던 춘추시대(春秋時代)보다도 전국시대(戰國時代)를 산 순자의 시대가 좀 더 문란하고 극악한 양상이 한층 더 심했기 때문이라고 할 수 있다. 그러므로 공자 때만 하더라도 인간의 자생적인 도덕심만으로도 이상적인 사회의 실현이 가능했다고 보았다면, 순자는 자생적인 인의(仁義)보다는 비교적 외적인 제재의 성격이 강한 예(禮)라는 덕목으로써 인간사회를 구속하고자 하는 예치(禮治)가 필요했던 것으로 볼 수 있다. 그러나 이와 같은 예치 역시 강제력이라는 측면에서 보자면 법(法)만은 못한 것이다. 그래서 유가사상이 인의(仁義)도덕과 예의 경계 안에서 그들의 사상을 전개시켰다면, 이것의 한계를 벗어나서 좀 더 강제성이 강한 법치를 강조했던 것이 법가사상이다. 순자에게서 배운 한비자(韓非子)가 법가사상을 집대성하였고, 함께 배웠던 이사(李斯)가 진(秦)나라를 부국강병하게 하여 전국시대를 종식시킬 수 있었듯이, 순자로부터 자신들의 학문과 정치사상을 일구어 낼 수 있었기 때문이다.

결국 순자 사상의 가치는 그의 사상적 연원이 공자의 유가에서 나왔으면서 공자나 맹자처럼 관념적인 천도론에 빠지거나, 천박한 유생들처럼 좁은 견해에 얽매이지 않고서, 하늘을 자연적인 객관대상으로 인식하여 인간사회를 하늘로부터 떼어내었고, 인간의 실천적인 노력을 통해서 학문과 예의 학습을 보다 중시하였다는 점이라고 하겠다.

유가의 위기와 진시황의 말살정책

1. 유가의 이상주의를 배격한 한비자

　이제껏 앞에서 공자의 유가사상에 대한 이해와 공자 당시 혹은 이후 시대에 그를 반대했던 사상으로서 도가, 묵가, 그리고 공자를 계승했다고 자처했으면서 공자를 조목조목 꼬집었던 순자 등 유가가 탄생한 이래 춘추와 전국시대 말까지 유가가 지나온 역정의 대강을 이모조모로 살펴보았다. 그런데 아예 유가를 말살하려던 이가 나타났으니, 그가 바로 중국을 최초의 제국(帝國)으로 통일한 진(秦)나라의 시황제(始皇帝)이다. 진시황은 특히 유가를 반대했던 한비자의 법가사상을 나라의 이념으로 삼아 부국강병을 목표로 통일전쟁을 벌여서 결국 바라던 제국(帝國)을 완수한 듯이 보였지만, 진나라는 끝내 15년을 넘기지 못하고 한(漢) 고조(高祖) 유방(劉邦)

에게 제국의 실체를 넘겨주어야만 했다. 한비자는 어째서 유가를 반대했으며, 진시황은 어째서 유가를 아예 말살하려는 정책을 폈던 것인지를 알아보고자 한다.

앞서 한비자는 공자 유가의 이상적인 보수적 성향에 반대하였으며, 전국시대까지 내려오던 제자백가 사상을 두루 종합하여 합리적이며 실질적인 법사상으로 발전시켰다고 하였다. 이후 법가(法家)는 전국시대를 마감한 중국 최초의 통일국가인 진(秦)나라의 이념적인 토대가 되었다.

법가는 순자(荀子)의 성악설(性惡說)을 계승하여, 신상필벌(信賞必罰)의 합리적인 정책을 실시하며, 때로는 가족 간의 인정(人情)까지도 저버릴 것을 주장하기도 했다. 모든 정책은 합리적인 법의 제정을 통한 강력한 군주와 국가로부터 나와야 한다고 하여 가혹한 정책을 실시하였는데, 결국 15년 만에 진나라는 망하고 말았다. 한대(漢代) 이후 진시황은 포악한 정치를 폈다고 하여서 대대로 불신을 받고 죄악을 뒤집어쓰기도 했지만, 그것은 법가와 진시황에 대한 왜곡된 이해에서 비롯된 측면이 있으며, 자본주의적 물질문명을 추구하는 오늘날까지도 한비자의 법가사상은 이상적이며 관념적인 유가와 비교하여 되새길 만한 사상 내용이 많다.

한비자는 한(韓)나라 공자(公子)였는데, 형명(刑名)과 법술(法術)의 학문을 좋아하여 황노(黃老)사상에 바탕을 두었다. 진시황의 진(秦)제국 통일에 지대한 역할을 한 이사(李斯)와 더불어 순자(荀子)에게서 공부를 하였지만, 유가는 공허하다고 하고 새로이 법가의 여러 사상을 집대성했다. 한비자는 젊어서부터 말솜씨가 별로 없었다고 해서 한(韓)왕에게 무시당하자 자신의 생각을 글로 써서 『한비자』를 완성했다.

한비자의 법가는 하늘에 도(道)와 명(命)이 있다고 한 유가나 세상을 고르게 사랑하라는 것이 하늘의 뜻이라고 한 묵가는 이상주의이며, 이것은 나라를 어지럽힌다고 반대했다. 인간 세상의 질서는 오로지 이익을 추구하는 욕구의 관계가 주도한다고 여기며, 유가적인 도덕보다는 법(法)이 절대적인 우위로 삼아야 한다고 하였다. 법이란, 곧은 화살을 만들거나 둥근 수레바퀴를 만들기 위해서는 자와 같은 도구가 필요한 것처럼, 백성들도 마치 화살과 수레바퀴처럼 특정한 방법이나 수단으로서 합리적인 법체계에 의해서 새로이 만들어지는 존재여야 한다는 것이다.

한비의 법가사상은 순자의 성악설에 근거하여, "사람의 본성은 악하여, 악하지 않은 사람이 없다(人性惡, 無人不惡.)"라고 여긴 한비자는 "사람이 밥을 먹지 않고는 살 수 없다. 이 때문에 이롭고자 하는 욕망을 없애지 못한다.(不食則不能活, 是以不免於欲利之心.)"라고 하여서 인간이 나면서부터 가진 욕구가 바로 사람을 악(惡)하게 하는 근원이라고 여겼다. 그러므로 인간이 자신의 이기적인 욕망 때문에 악하다고 한 순자는 윤리적인 제재 수단인 예(禮)로써 그러한 인성을 바로잡아야 한다고 했지만, 한비자는 학습과 교화를 통해 본성이 변할 수 있다는 생각까지도 반대하였다. 오로지 법률적인 제재 수단을 써서 나라의 통치 질서를 바로잡아야 한다고 주장하였다.

한비자에 의하면 인간은 본디 착한 것이 아니므로 임금은 백성들에 대하여 일정한 수단을 이용하여 개조하거나 통제하여야 임금이 의도하는 규범에 의거하도록 할 수 있다는 것이다. 이러한 생각은 맹자의 이상주의적이며 관념론적인 인의관(仁義觀)에 대해서 비판한 것으로 맹자가 인간은 타고나면서부터 인의예지(仁義禮智)와 같은 사단(四端)을 가지고 있으니, 그 스스로 착한 데로 나아가게 되어 있다고 한 것에 대한 반론이라고 할 수 있다.

물론 맹자 역시 인간이 태어나 가만히 있기만 해도 착한 사람이 되는 것이 아니라 학습과 계발에 의해서 가능하다고 했다. 맹자가 인간이 타고나는 사단(四端)을 중시하여 말한 것이라면, 한비자는 인간이 나면서부터 이익만을 추구하려는 본성을 후천적인 학습을 통해서 제어해 나아가는 것은 물론 법에 의해서 강력하게 제재하여야한다고 했던 것이다.

유가에서는 부자유친(父子有親)처럼 특히 가족 간 사랑의 덕목인 삼강오륜(三綱五倫)은 타고나는 것이라서 인간세상의 인륜(人倫) 가운데 중대한 덕목이라고 주장한다. 그런데 한비자는 부모와 자식 간의 사랑조차 이미 이익이 되는가 그렇지 않은가 하는 가치기준에서 볼 뿐 유가에서 말하는 인륜이 인간으로서 당연히 지켜야 할 덕목이거나 절대적인 가치기준이 되는 것이 아니라는 것이다. 인간과 인간의 관계라는 것이 오로지 이익의 관점에서만 가능하다고 보았던 것이다. 그러므로 한비자에게 부모가 자식을 키우는 것은 타고난 인륜이 있어서가 아니라 늙어서 자기가 키운 자식의 봉양을 받기를 바라는 마음에서이며, 아내가 남편을 사랑하는 것은 오로지 돈 벌어다 주기 때문이므로 남편이 돈 벌 능력이 다하면 빨리 죽기를 바란다고 말하는 것도 다 그런 뜻에서 말한 것이다.

예를 들어서, 수레를 만드는 장인은 세상 사람들 모두를 좋아하지는 않지만, 세상 사람들이 모두 부자가 되어야 자신의 장사가 잘 되어 돈을 벌 수 있고, 장의사는 세상 사람들이 모두 밉지는 않지만 그들이 죽어야 역시 자신의 관이 잘 팔려 돈을 벌듯이 인간 사회의 구조는 오로지 이익을 매개로 하여 돌아가는 것이라고 했다. 그러니 하인을 부리는 주인이 하인에게 잘 대해주는 것은 하인에게 좀 더 열심히 일하도록 감동을 주기 위한 것이며, 하인 역시 자신이 받는 품삯만큼보다 더 열심히 일하는 것은 자신의 성실함을 주인에게 보여 혹시라도 품삯을 더 올려주지나 않을까 하는 기대에서 그러는 것이지 결코 마음 속 깊이 우러나오는 충성스런 마음에서 그토록 열심히 일하는 것이 아니라는 것이다.

　이렇듯 철저하게 실질적인 이익 타산을 중시한 한비자는 법이 곧 나라를 통치하는 근거가 되어야 혼란이 없게 된다고 했다. 그리고 선왕의 오래된 옛 법도가 아닌 지금 이 시대에 사는 백성들에 적용할 적절한 법이 시행되어야 한다고 했다. 여기에다가 신분 귀천의 차별이 역시 있어서는 안 된다고 했다. 이것은 유가가 '선왕(先王)의 그늘'에서 자신들의 이념 가치를 주장해 왔던 것에 비하여 선왕에 대한 전설을 타파하고 당시 유행하는 언어를 써서 당시 시대 상황에 어울리는 시대의 가치기준을 세워야 한다고 한 점에서 매우 진보적이라고 할 수 있다.

　그리고 당시 세상 사람들이 모두 군주를 높이고 나라를 안정케 하는 것은 반드시 인의(仁義)로써 한다고 하는데, 임금의 권위를 낮추고 나라를 위태롭게 하는 것은 유가에서 주장하는 도덕적인 인의 때문이라고 했다. 그러므로 도리를 아는 임금은 인의를 멀리

하고, 오로지 법으로 복종시킨다. 이로써 명예는 널리 퍼지고, 이름이 드날리며, 백성은 다스려지고 나라는 안정되며, 백성을 부리는 방법을 알게 된다고 했다.

오늘날 윗사람이 백성들에게 밭을 갈고 풀을 뽑기를 재촉하는 것은 백성의 재산을 불려주기 위한 것인데, 백성들은 임금이 가혹하다고 여기고, 형벌을 만들어 무겁게 다스려 사악함을 막으려고 하는데, 백성들은 임금이 엄하다고 여긴다. 나라에서는 편안하게 다스리기 위한 것인데, 백성들은 그것을 기꺼이 해야 하는 것인 줄 모른다. 이 때문에라도 법은 반드시 있어야 하는데, 한비자는 법에 근거한 신상필벌(信賞必罰)을 강조하기는 했지만, 상을 주는 것보다는 형벌을 무겁게 해야 한다는 중형론(重刑論)을 폈다. 이것이 백성들을 법에 저항하게 하는 빌미를 제공하였던 것이다.

마치 길거리에 비단 한 자락이 떨어져 있으면 누구나 그것을 집어 가지만, 지글지글 끓는 용광로에 금 한 덩이가 있다면, 그 속의 금을 누구도 가지고 갈 수 없을 것이니, 그것은 가지려고 용광로에 손을 넣으면 다칠 수 있다는 것을 알기 때문이라는 것이다. 그러므로 형벌을 가혹하게 함으로써 악인을 벌하게 되면 그것으로 일반인들을 일깨워 이로움이 될 수 있으니, 법의 역할은 마치 밭에서 잡초를 뽑아내야 곡식들이 잘 자라도록 하는 것과도 같다는 것이다.

그런데 법이 아무리 잘 갖추어져 있어도 나라가 넓고 백성들이 많기 때문에 임금 한 사람이 나라를 다스리기는 것이 불가능하므로 반드시 인재를 잘 등용하여야 한다고 했다. 한비자는 신하라는 자들은 모두 남의 나라에 와서 '반드시 개인적으로 재물을 가져가려는(必私積取)’ 무리들이라서 군주에게 잘 보여 높은 벼슬을 얻으려 하므로 군주는 그들을 절대 믿어서는 안 되며, 허정(虛靜)한 마음 상태에서 그들의 능력을 잘 살펴 적재적소에 잘 배치해야 한다고 했다. 그리고 신하의 권력이 지나치면 반드시 군주를 해치고 나라를 어지럽힐 것이므로 군주는 늘 신하와 존귀하고 천한 구분을 분명히 두고 적절하게 견제하는 권모술수 같은 통치기술도 잘 익혀야 한다고도 했다.

즉 한비자는 일정한 조문에 의해 공포된 법은 반드시 지켜야 하는 표준이 되어야 하고, 임금은 신하의 재능에 따라 관직을 주고 그들을 통솔할 수 있는 술수[術]의 중요성을 강조했고, 법과 신하들을 잘 다스리는 용인술이 있다고 하더라도 권력[勢]을 유지할 수 없으면 아무 소용이 없듯이 임금으로서의 힘을 갖추고 있는 것도 중요하다고 했다. 그래서 이것을 법가의 3요소라고 하여서 법(法), 술(術), 세(勢)를 결합한 유기적인 정치사상 체계를 만든 것이다.

이렇듯 한비자는 유가가 까마득한 옛날 인간이 원시의 상태를 겨우 벗어난 때의 요순(堯舜)시절을 이상적인 시기로 가정하여서 인간은 누구나 인의 도덕을 가지고 태어나 그 스스로 올바르게 살아갈 수 있다고 말한 점을 비판하고 달라진 새로운 시대의 현실을 잘 반영한 합리적인 법의 제정과 공평한 법 시행이 나라를 온전히 다스리는 관건이 된다고 하였다.

2. 진 제국(帝國)의 흥망성쇠와 유가의 운명

한편 유가의 도덕정치를 반대하여 세워진 한비자의 법가사상은 전국시대 당시 서쪽의 변방에 위치해 있던 진(秦)나라 왕 영정(嬴政)에 의해서 나라의 이념으로 채택이 되고 결국 춘추와 전국시대의 오랜 전란의 분란을 씻고 통일의 위업을 달성하는 초석을 이루었다. 이후 중국은 이때에 제정한 법체계를 바탕으로 근대 이전까지 그 나라 체제의 대강을 유지하였다고 할 수 있다.

오늘날 중국을 영어식으로 차이나(China)라고 부르는 것을 보아도 진나라가 중국 역사에서 차지하는 의미가 얼마나 깊은지를 짐작할 수 있다. 차이나라는 말의 어원은 진(秦)나라의 진에서 나온 것이다. 진(秦)을 웨이드식 중국어 발음으로 읽으면 친(Chin)인데, 여기에다가 '영토'라는 의미를 표기하기 위해서 'a'를 붙여서 일컫은 것이라고 한다. 그러므로 차이나는 '진(秦)의 나라'라는 뜻이 된다. 진나라는 고대 중국에서 비로소 통일왕조 국가로서 면모를 갖추었고 당시 세웠던 대부분의 문물제도와 같은 국가 체제가 청(淸)나라까지 이어졌다는 것만 보더라도 중국 역사에서 차지하는 비중이 얼마나 큰지를 알 수 있다.

그리고 차이나는 도자기(陶瓷器)라는 뜻으로 불리기도 한다. 유럽이 산업혁명에 성공하여 그들이 공장에서 생산한 모직제품을 팔러 아프리카와 아시아로 몰려왔다가는 중국에다가 아편(阿片)을 팔고 대신 사 가지고 간 것이 차(茶)와 도자기였는데, 산업혁명 이후 영국의 일반 시민들이 여가로 즐기는 품목이 되었고, 중국으로부터 들여온 대표적인 상품이 도자기이다 보니까 보통명사로 '차이나'라고 불렀던 것이다.

　문화 방면에서도 진시황은 문자와 도량형(度量衡) 등을 통일하여 오늘날 중국이 하나가 되게 하는 기반을 세웠다고 할 수 있다. 그래서 이후 여러 세대를 걸쳐서 한(漢) 왕조가 무너지면서 혼란을 겪고, 원(元)이나 청(淸)나라 같이 외래 민족에게 한족(漢族)의 정통왕조가 한동안 끊어졌다가도 다시금 한(漢)문화로 규합되는 역사를 반복할 수 있었던 것도 모두 진시황의 한자와 도량형을 통일해 두었기 때문이다. 물론 일반 백성들의 실생활을 편리하게 하기 위해서가 아니라 자신이 중국을 통치하는 데에 목적이 있는 것이기는 했지만, 중국문화의 사상적 바탕이라고 할 수 있는 한자(漢字)를 통일했기 때문에 이후 중국이 숱하게 분열의 때를 맞았으면서도 오늘날까지 중국이 하나의 나라로 남아 있게끔 할 수 있었던 것이니 만큼, 진의 중국통일과 시황제의 정책은 새로이 평가할 대목이 많다는 것을 잘 새겨야 한다. 이번 절에서는 이처럼 중국사에서 중대한 의의를 가진 진시황의 정책에서 우가의 운명은 어떠하였는지를 살펴보도록 한다.

　진시황이라고 하면 떠오르는 단어가 있다면 책을 태우고 학자들을 묻어 죽였다는 '분서갱유(焚書坑儒)' 일 것이다. 이 때문에 그에게 폭군이라는 딱지가 붙어 불명예를 뒤집어 쓴 채 그간 2천 년이 지나왔다고 할 수 있다. 앞서도 말했지만, 진시황에 대한 평가는 한(漢) 왕조가 들어서면서 자신의 정통성을 세우기 위해서 진시황 정책의 포악성을 필요 이상으로 과장한 측면이 없지 않다고 했다. 특히 분서갱유는 유가에 닥친 잔혹한 시련이었으며 앞으로 유가가 새로이 태어나게 된 중대한 계기가 된 사건이었으며, 진시황 자신에 대한 오해의 출발점이 되는 사건이므로 분서갱유에 대한 정확한 이해는 매우 중요하다고 할 수 있다.

　서쪽 변방에 위치해 있던 진나라는 척박한 토양의 자연조건 때문에 삶을 영위하는 데에 여러 모로 나쁜 조건에 있었다. 그렇기 때문에 당시 진왕은 법가를 채택하여 부국강병을 도모하고 결국 통일제국을 이루고는 새로운 나라에 새로운 통치 질서를 세울 필요가 있다고 여겼다. 그러므로 법가사상에 대한 신념을 가지고 있었던 진시황은 이전에 한 지역의 지방제후국이었던 때와는 달리 보다 강력한 통치권을 가지고 보다 체계적으로 나라의 기강을 세울 필요성을 느꼈다. 이러한 시대적 요구에 가장 배반되는 사상이 바로 유가라고 진시황은 여겼다. 진시황은 무엇보다 유가의 인의(仁義)와 같은 이상적인 이념은 덩치가 커지고 복잡한 통일왕국인 진나라에서는 오히려 사회질서를 어지럽히는 해로운 존재라고 여겼던 것이다. 언뜻 보기에는 남을 이해하고 용서하며 너그러운 도덕 정치를 강조한 유가는 매우 이상적인 것 같지만, 실제로 인간이 타고난 품성이 착하지도 않으며, 오로지 이익을 추구한다고 여긴 법가의 입장에서는 마냥 공허하기 짝이 없는 것이 유가라고 여기게 되었다. 그래서 진시황은 그렇듯 나라의 혼란을 조장하는 유가 경전들을 불태우고 그것을 금과옥조로 여기는 유학자들을 땅에 파묻어 죽일 것을 명령하였던 것이다.
　지금에야 이렇듯 아주 오래전에 있었던 옛날이야기를 하듯이 하니까, 그다지 실감이 나지 않겠지만, 당시 많은 사람들이 믿고 따르던 유가의 서적을 불태우고, 그것을 열심히 공부하였다는 학자들을 파묻어 죽인다는 것이 알려졌을 때 얼마나 충격적이었을까 충분히 짐작할 수 있을 것이다.

　인간이 그간 쌓아온 문화적 역량이 모두 담겨 있다고 할 수 있는 책과 인간의 다른 어떤 특성 가운데에서도 배움을 통해야 인간적으로 될 수 있다는 신념에서 늘 배우고 익히는 것을 주요 업무로 여기던 유학자들에게 무슨 죄가 그리도 크다고 그토록 가혹한 형벌이 주어져야 하는지 모두들 의아하게 여길 것이다. 게다가 진나라가 체계를 세웠다는 법가사상에서는 본디 합리적인 법체계를 정립하고 신분의 차별 없이 공평무사하게 신상필벌의 원칙이 적용하여야 한다고 했는데, 아무리 유가사상이 요순시절이네, 성선설이네, 도덕이네, 왕도정치네 하며 꿈같은 설만 퍼뜨리고 다니는 것이 새로이 건립된 진제국의 이념과는 맞지 않는다고 하지만, 유가가 지나치게 이상적이며 공허하다는 그 자체만을 가지고 어째서 가만히 공부나 열심히 하고 있는 유학자들에게 너무 가혹한 것이 아닌가 여길 것이다. 진시황의 정신이 약간 확 돌아서 미치지 않고서는 그럴 수 없는 것이라고 생각하면 문제는 비교적 간단하다. 마치 정신 나간 로마의 네루황제가 불타는 로마의 정경을 보고 황홀해 하며 비파를 퉁기며 노래를 불렀던 것처럼 말이다. 그렇지만 진시황은 그때 네루처럼 정신적 이상상태도 아니었고, 모든 사항을 철저히 법에 근거하여 처벌해야 한다고 했던 법률체계를 어기면서까지 분서갱유와 같은 잔혹한 형벌을 집행했던 것도 아니었다. 분서갱유를 이해하기 위해서는 그것의 주변 상황을 이해할 필요가 있다.

분서갱유의 시작은 유가를 말살하기 위해서 실시된 것이 아니었다. 진시황은 통일을 완수하고서 일단 자신에 대한 호칭을 변경하였다. 통일 이전까지 각 지방국의 왕들은 스스로 '왕(王)'이라고 부르고 있었다. 실은 그들 지방제후국을 책임지던 이들은 왕이 아니라 공(公)이나 후(侯)로 불렀어야 했다. 즉 전국시대까지 중국의 정식국호는 주(周)이며 그 최고통치자가 왕이었다. 이 왕을 다르게 표현해서 천자(天子)라고도 불렀을 뿐이다. 그런데 주나라가 봉건제도(封建制度)를 채택하였는데, 이것은 봉토(封土)와 건국(建國) 즉 각 지방을 나누어 주어서 후작(侯爵)의 벼슬에게 봉하여서 각 지방국을 세우도록 하고 그 후작에게 정치의 책임을 지우는 간접 통치제도였다. 즉 오늘날로 보자면 일종의 지방자치제와 같다고 할 수 있다. 즉 지방국들은 세금이나 외교 혹은 전쟁과 같은 국가적인 행사에만 함께하면 되는 것이었다. 주(周)나라가 이런 제도를 채택했던 이유는 나라가 너무 커서 중앙의 왕이 직접 다스릴 수 없었기 때문이었다. 춘추시대 당시에는 그들 후작이 많게는 100에서 200여국까지 있었는데, 전국시대에는 그 지방제후국들이 7개로 통폐합이 되었고, 좀 더 치열한 전쟁의 양상이 펼쳐졌기 때문에 전국(戰國)시대라고 부르던 것이었다. 각 지방마다 파견된 후작이 이렇듯 많았기 때문에 여럿이라는 의미의 제(諸)자가 붙어서 제후(諸侯)라고 불렀던 것이다. 그들이 다스리던 지방국이 지금 우리가 쓰는 '나라 국(國)'이다. '수신제가치국평천하'라고 하였듯이, 주나라는 '천하'이고, 제후국이 '나라'가 되는 것이다. 그런데 당시 주(周) 왕실의 권위는 유명무실하여 언제 어느 순간 무기력하게 사라져 버렸고, 각 지방국의 제후들이 함부로 왕을 자처하게 되었다.

그러므로 엄밀히 보자면, 진나라가 통일을 하여 나라를 새로이 세웠으니, 진왕에 오르고 각 지방국은 다시 후작 벼슬의 제후가 다스리면 되는 것이었다. 그런데 이미 제후들이 왕을 자처했던 것이고, 진(秦)왕 역시 그런 입장에서 그들 제후국의 왕들을 무찌르고 통일제국을 세웠으니, 자신을 다시 왕이라고 브르는 것은 어째 격이 맞지 않는다고 여겼다. 그래서 고안해 낸 호칭이 '황제(皇帝)'이다. 본디 황(皇)은 빛난다는 의미이고, 제(帝)는 노자(老子)의 『도덕경(道德經)』에서 언급했던 것인데, 우주만물 운행의 질서를 주재한다는 의미로서 오늘날의 신(神) 즉 God이라는 뜻에 가까운 말이다. 결국 절대왕자로서 죽음을 초월한 존재 즉 신(神)이라는 의미라고 할 수 있다. 여기에다가 처음으로 황제라는 호칭을 썼기 때문에 시작을 의미하는 시(始)자를 붙여서 시황제(始皇帝)가 되었던 것이다.

이 세상에서 이룰 것이 더 이상 없다고 여긴 진시황은 이제 자신의 목표는 신이 되는 것이었으니, 신이라고 하면 일단 죽어서는 안 되는 것이었다. 진시황은 죽지 않기 위해서 여러 방편을 찾던 가운데 당시 도가의 방사(方士)들이 만들었던 약(藥), 즉 죽음을 모면케 한다는 불사약(不死藥)에 빠져들었다. 게다가 어떤 자들은 어디에 가면 불로초(不老草)를 구해 올 수 있으니, 돈과 사람들을 내어주면 곧 다녀오겠다고 황제를 속이는 일이 잦아졌다. 인간의 영원한 꿈인 죽지 않는 것을 증명하기 위해서 뜨고 죽지 않는다는 것을 증명하는 것만큼 애매한 일도 없을 것이다. 죽는 약이라면 그 약을 먹고 죽었는지 확인하면 그만인 것이지만, 이미 살아 있는데, 죽지 않는지는 어째 확인할 필요가 없는 것이 아닌가? 맹물을 마시거나 고기 한 점, 풀 한 포기를 먹거나 해서 그것 때문에 당장 죽는 일은 없기 때문이다.

도가(道家)의 방사들은 이 점을 이용하여 진시황을 속여 이익을 챙기고 있었다. 더욱 상황이 나빴던 것은 그들 방사들이 아무런 성분이 없는 약을 만들었으면 오히려 진시황의 몸에 그다지 탈은 없었을 터인데, 자신이 만든 약이 인간을 죽지 않게 한다는 것을 증명하기 위해서 그들 약에 중금속이나 마약 성분을 첨가하기 시작하였다. 마약이란 것들이 나중에야 어찌 되든지 간에 극단적인 치료효과가 있기도 하여서 일단 먹으면 정신이 알딸딸해지면서 공중에 붕붕 뜨는 것과 같이 느끼고는 곧 하늘로 승천할 것 같은 착각작용을 하는 것이 아닌가. 이렇듯 이것저것 좋다는 성분을 마구 섞어서 불사약을 만든답시고 부산물로 만들어진 것이 불나는 약이라는 뜻의 화약(火藥)이라고 한다.

진시황은 이렇듯 황홀경을 맛보게 해주는 약들을 복용하면서 처음에는 곧 완벽한 불사약이 만들어질 것이라고 여겼을 것이다. 진시황은 아낌없이 나라의 예산을 퍼부었다. 그렇지만 왜인지 날이 갈수록 불사약을 먹으면 먹을수록 몸이 점점 예전만 같지 못하다는 것을 느끼게 되면서 차츰 불사약을 만들어 바친 방사(方士)들이 자신을 속이고 있는 것이 아닌지 의심하기 시작했다. 그래서 그들 방사들을 한번 족쳐야겠다는 생각이 들었고, 이러한 황제의 심중이 알려지자 방사들은 일제히 도망을 쳤고, 진시황은 군대를 풀어서 그들을 잡아들이고 땅에 파묻는 형벌에 처했던 것이다. 전하기로 이때 땅에 묻힌 자들이 460명 정도라고 한다. 분서갱유 가운데 '갱유'의 실제 대상들은 유학자들이 아니라 이들 방사들이었다. 그런데 어째서 유학자들을 묻었다고 알려져 있는 것일까?

한편 조정에서는 통일제국을 반기지 않던 이들도 있었다. 그들은 이른바 정치인들이었다. 지금도 그렇지만, 정치인들은 일이 잘 풀려서 정부에서 큰 자리를 맡게 되어서야만 빛나는 존재일 뿐이다. 그렇지 못할 경우에는 어디서 고정적으로 제대로 월급을 받는 것도 아니면서 말만 앞세우며 직업이 없이 밥만 축내는 사회와 집안의 골칫덩이일 수밖에 없는 자들이다. 한마디로 좋게 말하면 정객(政客), 아니면 한량(閑良)이고, 나쁘게 말하면 '건달'에 불과한 존재이다. 그러므로 이들 정객들에게는 전국시대처럼 나라가 여럿으로 나뉘어 혼란한 상태로 있으면서 서로 경쟁하고, 각 지방국들은 살아남기 위해서 전국에 흩어진 정객들을 불러 모아 조정의 주요 자리를 맡겼기 때문에 당시 정객들은 그만큼 일자리를 얻을 기회가 많았고 자신들의 이상을 펼 수 있는 기회가 그만큼 많았다. 그러므로 잔혹한 전쟁이 참혹하기는 하였지만, 당시 정객들에게는 그런 양상이 지속되기를 은근히 바라기 마련이었을 것이다.

이제 통일이 되고 보니, 자신들의 일거리가 싸악 사라져 버린 것이다. 그런데 진시황은 오히려 주나라가 분열하여 진의 통일 이전까지 혼란이 거듭되었던 것은 주나라의 봉건저도에서 비롯된 것이라고 여겼다. 주나라가 처음에 봉건제도를 채택하였을 때만 해도, 각 지방국들이 처음에는 주왕실의 명령을 잘 들었지만, 시간이 지나다 보니, 왕에 대한 존경심도 적어지고 주 왕실이 자신의 제후국보다 그다지 강하지 않다는 것을 알게 되면서 왕실에 대하여 더 이상 충성을 바칠 이유가 없게 되었던 것이다. 그래서 진나라는 황제가 직접 나라를 통제하는 중앙집권제의 군현제(郡縣制)를 실시하여 황제가 정사를 직접 챙기기까지 하다 보니 정객들의 일자리가 그만큼 더 줄어들게 되었다.

아무튼 당시 정치인들은 나라가 너무 커져서 황제를 중심으로 하는 군현제가 아니라 주나라 때처럼 봉건제도를 실시해야 한다는 주장을 솔솔 풍기기 시작했다. 진시황의 입장에서는 이들이야말로 나라를 예전처럼 다시 혼란한 전쟁의 시대로 되돌리려고 하는 못된 자들이라고 여겼다. 그래서 앞서 황제를 속이고 달아났던 방사들을 잡아들여서 땅에 파묻어 죽일 때 이들 정치인들 몇 명을 함께 파묻었다고 한다. 당시 방사 이외에 정객이 얼마나 죽었는지는 지금 알 수 없다. 그리고 이들 정객들은 대개 유학자들이었고 그들이 신봉하던 말씀인 유가의 경전들을 태워버리게 하였다.

아니, 책을 태우고 학자들을 파묻어 죽였다는 사실 자체가 더 이상 포악할 수 없는 것이 아니냐고 할 수도 있겠지만, 당시 불탄 책들은 아무런 분별이 없이 마구잡이로 불태웠던 것이 아니다. 진시황이 이상적이기만 해서 쓸모없다고 했던 유가의 경전들이 대상이었다. 법가(法家)나 실용적인 서적으로 천문, 기술, 농업에 관련한 것들은 제외시켰다. 그래서 당시 유가 경전의 하나인 『주역(周易)』은 실용서적으로 분류되어서 불에 탈 서적에서 제외되었다. 이런 사실만 보더라도 진시황이 정신이상 증상을 보여서 마구 책을 불태운 것이 아니라 일정한 기준을 두고 감행한 개혁정책의 하나가 '분서'였다고 할 수 있다.

그런데 분서갱유 사건은 이후 한(漢) 왕조가 들어서고 진시황의 폭정이 얼마나 가혹했는지를 과대하게 선전하는 데에 이용되었으며, 한(漢) 무제(武帝) 때 동중서(董仲舒)의 건의로 유가가 나라의 이념으로 채택되고 유가의 경전이 필요하게 되자 분서갱유 당시 불탄 유가의 경전들이 다시금 복원되어야 할 필요가 생기게 되었다. 그렇다면 이미 불타 버렸다고 하는 유가 경전을 어떻게 복원하였을까?

분서갱유 당시 『주역』은 실용서적으로 분류되어서 살아남을 수 있었다고 하였는데, 그때 태우지 못한 유가의 서적들이 더 있었다. 그것은 다른 것이 아니라 당시 살아남은 학자들이 머릿속으로 외우고 있던 것들이다. 아무리 폭압적이었다지만, 경전을 외우고 있는 이들을 어쩌지는 못했다. 다만 그들이 나이가 들어서 죽기만 기다리는 수밖에. 그런데 진나라가 겨우 15년 만에 망하다 보니, 진이 망한 이후 그들은 다시 학교를 열고 학생들을 모집하고 자신들이 외우고 있었던 것들을 하나하나 복원하기 시작하였다. 그러니 진나라가 약 50년만 더 지속되었더라도 오늘날 우리들이 보는 공자 말씀을 비롯한 유가의 경전들은 제 모습을 보기 어려웠을 것이다.

그래서 한(漢)나라의 학문 경향을 훈고학(訓詁學)이라고 하는 이유가 여기에 있다. 훈고란 근거를 찾아 뜻을 설명한다는 뜻이다. 이런 상황 때문에 한나라는 우리가 중국적이라고 여기는 것의 대부분에 '漢(한)'자가 붙게 된 시기이기도 하다. 한자(漢字), 한문(漢文), 한약(漢藥), 한인(漢人), 한어(漢語)와 같이 대개는 이 시기로부터 정립되어 확립되었기 때문에 그렇게 부르는 것이다. 그런데 이후로 유가 경전의 정리에 있어서 확실한 교재가 있었던 것이 아니라서 지방마다 선생들마다 진짜네 가짜네 하며 논쟁이 벌어졌는데, 이것이 금문(今文)과 고문(古文)의 논쟁이다. 이렇듯 학술적인 논쟁을 통해서 유가는 춘추와 전국시대를 통해 여러 경로로 발전하여 왔었는데, 진시황의 분서갱유를 계기로 한대(漢代)에 이르러서 대대적인 변화와 변질의 소용돌이에 빠지게 된다.

제14강

근대화의 굴곡 속에서

1. 중국 근대화가 유가에 남긴 상처

우리는 춘추시대 유가가 탄생하면서부터 진시황이 중국을 통일하기까지 있어왔던 유가의 생성과 발전의 양상을 살펴보았다. 진시황의 분서갱유로부터 유가가 맞았던 위기의 순간에 이어서 한(漢), 위진남북조(魏晉南北朝), 당(唐), 송(宋), 원(元), 명(明), 청(淸)대를 거치면서 유가가 어떻게 변화·발전하였는지를 살펴보고, 아편전쟁 이후 근대화 과정에서 겪어야 했던 유가의 이모조모를 살펴보는 것으로 마무리가 되었어야 했는데, 중간 중간에 소개하고픈 내용이 자꾸 넘쳐나서 대체로 목표하였던 것에서 반쯤 소화한 것이 아닌가 싶다. 중국사를 고대와 근현대로 나누어 볼 때, 이제껏 고대 부분에 맴돌았던 것을 뚝 잘라서 마무리하고 근현대시기로 자리를 옮겨 마무리하고자 한다.

한(漢), 위진남북조(魏晉南北朝), 당(唐), 송(宋), 원(元), 명(明), 청(淸)대 이 시기는 중국의 역사에서 대부분의 기간이라고 해도 무리가 없을 듯하다. 서기전 3세기부터 20세기 초까지 해당되는 시기이니 말이다. 중국은 이 시기 동안 수많은 변화 속에서 발전하였다고 할 수 있다. 그런데 한(漢)대 이후 중국의 속성을 나타내는 용어에 '한(漢)'자를 붙여서 표현하듯이, 이른바 중국적이라고 할 만한 문화적 요소가 한(漢)대에 대부분 이루진 이래로 각 왕조마다 비교적 큰 변화 없이 2,000년의 세월을 보내온 것이 아니냐고 평가하는 이들도 있다. 춘추전국시대 주요 사상이었던 유가는 한(漢)대에 국가의 이념으로 채택이 된 이래로 약간의 변화는 있었지만, 그 대강의 줄기는 크게 변하지 않은 채 청(淸)대까지 이어졌다고 볼 수 있기 때문이다.

한(漢)대 말기 도교의 흥성, 남북조시대 이후 당(唐)대까지 불교의 유입과 발전, 송(宋)대 주희(朱熹)에 의해 신유학(新儒學)으로 재탄생한 이래 몽골의 원(元)나라가 한(漢)문화를 말살하는 정책으로 또다시 겪었던 절명의 위기, 명청(明淸)대를 거쳐서 복원된 한 문화 전통 등 곰곰이 살펴보자면 한(漢)대 이후 유가가 중심이었다고는 하지만 중국 사상계에도 수많은 변화와 굴곡이 부침을 거듭했다고 할 수 있다.

중국의 오랜 역사와 전통 속에서 가장 큰 변화를 맞은 시기를 들자면, 뭐니 뭐니 해도 1840년 아편전쟁 이후 전개되었던 근대화의 과정이라고 할 수 있다. 요순시대로부터 따지자면 약 4,000년의 세월이 흐르는 동안 이보다 더 심한 격동의 시기는 아마도 없었을 것이다. 서양식 민주주의와 과학정신, 사회주의 이념의 전래와 중국화 등 참으로 많은 변화 속에서 시련과 고통을 넘어 이른바 근대에 이르렀다고 할 수 있다. 아편전쟁 이래 1966년 문화혁명을 거치는 동안 유가는 또 어떤 시련(?)을 겪으며 한 시대를 보냈는지 살펴보도록 하자.

중국은 유럽에 비해서 비교적 고립된 채로 발전해 왔다. 이것은 중국 주변의 지리적인 환경 때문이기도 하다. 중국은 지리적으로 살펴보면, 북쪽으로는 만리장성 너머 유목문화, 동쪽으로는 태평양, 서쪽으로는 황토와 사막지역, 남쪽으로는 산악과 밀림 그리고 티베트의 고원지대 등으로 포위되어 갇혀 있는 형상이다. 그래서 중국 이외의 지역으로부터 도전이 비교적 많지 않았기 때문에 중국이 여러 차례 분열되어 분란을 맞았으면서도 결국은 통일된 채 수천 년을 이어왔다고도 할 수 있다. 이것은 유럽이 여러 나라로 분열되어서 각국이 서로 경쟁하고 발전해 왔던 양상과 다르다. 오늘날 중국이 한족을 중심으로 통합되어 하나의 국가를 형성하고 있는 것에 대한 공과를 한 마디로 논할 수는 없지만, 중국은 유가를 중심으로 하는 한족(漢族)의 문화가 주류를 형성하며 각 민족이나 지역 간의 경쟁이 없었기 때문에 비교적 안정적으로, 혹은 정체된 채 유지·발전해 왔다고도 말할 수 있을 듯하다.

2. 근대화의 고비에서

　일본과 달리 우리나라와 중국은 근대화에 실패하였다고 평가한
다. 여기에서 말하는 근대화라는 의미는 서양화라고도 할 수 있다.
서양식으로 발전하지 못했다는 말이다. 서양에서는 중세 봉건제도
가 무너진 다음에 근대사회가 나타났다고 하는데, 근대라는 개념은
흔히 정치적으로는 민주주의, 경제적으로는 자본주의 체제를 통해
서 자유·평등·박애의 정신을 실현하려는 사회를 말한다. 근대라
는 말의 본뜻이 '가까운 시대'라는 의미이듯이, 시기적으로는 현재
의 우리와 가까운 시기이면서 인간사회에서 이루어야 할 이상사회
는 아니겠지만, 그 이상에 근접하려고 애쓰는 가까운 시대라는 의
미도 포함하고 있다.

　아마도 인류가 지구에 나타나 살면서 고안해 낸 여러 제도와 이
념 가운데 이들 근대를 상징하는 개념들이야말로 인간사회에서 꼭
이룩해야 할 정신으로 꼽는 것이다. 그런데 유럽에서 정립한 이들
개념들은 중국 사람들이 고대로부터 주류로 여겨오던 유가의 이념
과는 충돌되는 측면이 많은 것 또한 사실이다.

　정치적인 민주주의는 일단 사람들마다의 평등을 기본 요소로 삼
고 있으며, 경제적인 자본주의는 사람마다 능력껏 노력해서 이윤을
극대화하자는 논리인데, 고대 중국의 주류 사상인 유가는 윗사람과
아랫사람 간의 위계질서의 준수와 경제적인 이익보다는 도덕적인
인의(仁義)를 목숨처럼 여기는 것이다 보니, 유가적 이념체제 안에
서 널리 사랑한다는 뜻의 박애(博愛)를 제외하고 자유와 평등을 실

현한다는 것은 참으로 간단치 않은 문제일 수밖에 없다.

거꾸로 말하자면, 중국이 유가라는 울타리 속에서 자유롭지도 평등하지도 않은 상태로 살아 왔었기 때문에 민주주의도 자본주의도 이루지 못했다는 말이 된다. 물론 민주주의와 자본주의가 그만큼 완벽한 이념이냐고 단정할 수도 없기는 하다. 그것들에도 얼마든지 모순과 폐단이 드러나 있는 것도 사실이다. 그러나 오늘날 지구상 대부분의 나라와 민족들이 민주주의와 자본주의를 최고의 덕목으로 여기고 어떤 형식으로든 이 길을 내닫고 있는 중이라는 것을 부인할 수 없다.

중국의 아편전쟁은 중국사에서 매우 의미가 깊은 사건이다. 이 전쟁은 또 당시 세상에서 잘못 알고 있던 것들을 드러내 알렸으니, 그 중 하나는 중국의 위상변화이다. 중국은 19세기 초까지만 해도 어느 모로 보나 세계 최강이라는 타이틀이 무색하지 않았었는데, 이 사건을 통해서 별 볼일이 없는 '종이호랑이'의 신분으로 급격히 떨어졌다.

근대화의 밑거름이 된 주요 발명품으로 종이, 인쇄술, 화약, 나침반을 꼽는다. 이것들은 모두 중국에서 한대(漢代) 이후 아주 오래전부터 만들어진 것으로서 이것들이 유럽으로 전해지면서 유럽이 근대화를 이루는 데 중요한 역할을 하였다고 한다.

유럽에서 종이와 인쇄술은 학문과 기술을 대량으로 손쉽게 전파하여 지식인의 그룹을 형성하는 데에 역할을 했다. 중세 때까지 유럽에는 종이가 없었기 때문에 양의 가죽에 글을 썼으니, 웬만큼 중요한 일이 아니면 글쓰기를 포기해야만 했다. 하물며 구텐베르크가 인쇄기를 발명했을 당시에도 종이가 없어서 양피지(羊皮紙)에 인쇄했다고 한다. 구텐베르크가 인쇄기를 발명하고서 처음으로 인쇄를 했던 것은 『성경(聖經)』이었다고 하는데, 당시 성경을 인쇄하기 위해서 300마리분의 양가죽이 필요했다고 한다. 하나님의 말씀을 담기 위해서 300마리의 양이 죽어야 했던 것이다. 이 사실을 하나님께서는 어찌 여기셨을지 궁금하다. 길 잃은 한 마리의 양도 찾아나서야 한다고 하셨는데 말이다.

중국으로부터 유럽에 종이가 보급되면서 지식이 급속히 보급되어 시민층이 형성되고 이들에 의해서 암울한 중세를 마감하는 데에 큰 공헌을 하였던 것이다. 유럽에서 깨인 지식인들이 늘어나면서 근대국가와 근대의 정신이 새로이 정립되었던 것이다. 이들에 의해서 민주주의도 과학도 발전하게 되었다는 말이다.

그래서 고구려의 유민 출신인 고선지(高仙芝) 장군이 아랍 군대와의 전쟁에서 지는 바람에 포로로 잡혀간 당(唐)나라 군사 가운데 종이 만드는 기술자가 있었고, 그가 아랍에 종이 만드는 기술을 전파하였고, 이것이 나중에 유럽에 건네져서 유럽의 지식사회를 일깨우는 역할을 하였다고 하여 고선지 장군이 유럽의 문명을 깨웠다는 식으로 좀 과장되게 표현하기도 하는데, 이것이 완전히 허황된 주장만은 아니다. 화약은 중국의 어느 시대 누구에 의해서 만들어졌는지는 분명하지 않지만, 그것이 만들어지게 된 계기는 도교(道敎)의 방사(方士)들이 불사약(不死藥)을 만든다고 이것저것 좋다는 재료를 섞어 보다가 우연히 만들어졌을 것이라고 한다. 그래서 이름도 '불나는 약(藥)'이라고 하여 화약이 마치 의약품인 것처럼 이름이 지어진 것을 보면 그 이유를 알 수 있다. 화약은 전쟁용으로 쓰이면서 중세 때까지는 영주의 성(城)을 단위로 하여 싸우던 소규모 전투에서 이제는 대포를 쏘아대며 싸우다 보니 성이란 것이 무의미하게 되었고, 이런저런 성들의 통합이 수월하게 되어서 근대국가를 이루는 조건이 조성되었고, 화약이 산업용으로 쓰여 대규모의 산업이 일어나게 되면서 산업혁명의 기폭제가 되었다고 한다.

마지막으로 나침반은 유럽이 산업혁명에 성공하고는 대량으로 공산품을 만들어 내게 되었으나, 이것을 내다 팔 시장을 확보할 필요가 생겼다. 그래서 바다를 통한 운송이 필요하게 되었다. 그런데 중세 때까지도 유럽에서는 나침반이 남북의 방향을 가리킨다는 사실을 모르고 있었다고 한다. 그래서 나침반은 보잘것없는 듯 보이지만, 대규모의 선단을 이끌고 먼 바다까지 나갈 수 있게 해 주었고, 이들에 의해서 아프리카 인도 등으로 식민지를 개척하여 시장을 확보하고, 값싼 원료를 공급받는 것을 가능케 했다고 하여 근대를 출발시킨 4대 발명품에 한 자리를 차지하고 있는 것이다.

그러고 보니 유럽이 산업화에 성공하고 민주주의와 자본주의를 근간으로 하는 근대화에 성공하는 데에 중국에서 이미 만들어졌던 4대 발명품 덕이었다는 것이다. 근자에 조셉 니덤이 『중국의 과학과 문명』이라는 책을 써서 고대 중국에 얼마나 뛰어난 과학기술 문명이 발전해 있었는지 널리 알려지게 되었다. 이쯤에서 중국인들은 자부심을 느낄 만도 할 것이다. 확실히 근대 이전까지는 중국의 과학문명이 세계 최고였으며, 유럽의 근대화도 중국의 고대 과학문명이 일깨웠다는 사실이 증명되었으니 말이다. 참으로 중화민족이 세계 최고의 과학을 이루어냈다는 긍지를 느낄 것이다.

그렇지만 다시 한 발 물러나서 생각해 보자. 그렇다면 중국은 어째서 그렇듯 많은 과학문명을 일구어 놓았었는데도 근대화에 성공하지 못했던 것일까? 그 이유는 다름 아닌 공자의 유가 때문이라는 주장이 만만치 않다. 과학문명의 발전과 근대화와는 어떤 관계가 있기에 유가가 그런 것까지 덤터기를 써야 하나 의아해 할 것이다. 전통시대의 윤리를 규정하고 있던 유가에는 상하 신분간의 계층을 지어서 사회 위계질서를 유지하는 역할을 하였다. 그렇기 때문에 한(漢)대 이후 지배층의 기득 권력을 유지하게 하는 기능을 맡아올 수 있었던 것이다. 그러므로 유가는 평등을 기초로 하는 민주주의에는 아무래도 적응하기 어려운 이념이라고 할 수 있다. 그리고 과학의 발전과 산업화를 통해서 공업기술을 발전시켜서 자본주의가 발전하는 것인데, 유가에서는 이익보다는 의리(義理)를 중시하느라 구태여 과학기술을 발전시켜 산업을 발전시켜 많은 돈을 벌려는 의욕도 없었기 때문에 평등을 기초로 하는 민주주의나 과학발전을 통한 산업화나 자본주의 발전까지도 유가가 틀어 막아왔다는 평가를 받는다. 물론 중국에도 명(明)대에는 자본주의의 맹아가 싹터 있었다고 할 만하며, 화상(華商)이라고 해서 귀신처럼 돈을 많이 벌었다는 이들이 줄줄이 나타나기도 했다고 하지만, 그들 중국의 갑부들이 산업의 발전을 위해서 자자손손 번창하기를 기대했던 이들도 있었지만 자신의 자녀들은 과거시험 공부에 매진해서 높은 관리가 되는 것을 바란 이들이 훨씬 많았다. 이것 역시 유가에서 의리(義理)에 목숨을 거는 선비를 중시하는 의식 때문이다.

우리말에도 '개같이 벌어서 정승처럼 쓰라'는 말이 있는데, 여기에서 상인이 아무리 돈을 정당하게 많이 벌어도 그것은 결국 '개같이 버는 것'이라고 폄하하고, '정승처럼' 써야 한다고 하는 것은 유가의 경전을 잘 배워 과거시험에 합격을 해서 높은 관리가 되어야 한다는 것이다. 이처럼 모든 결론은 최종적으로 유가의 이상을 실천하는 것에 목표를 맞추고 있었다고 할 수 있다.

그렇지만, 근대 이전 중국에서 과학의 발전에 중대한 장애가 되었던 것으로 유가적 이상주의를 드는 것 이외에도 이런 유가 이념을 지탱할 수 있게 한 것은 결국 한자(漢字)와 과거제도라고 해고 그다지 틀리지 않을 것이다. 한자는 너무나 어렵고 복잡해서 과학기술자들이 그들의 과학기술을 글로 옮겨 적어야만이 다음 시대의 과학기술자가 좀 더 발전시킬 수 있는 것인데, 대개는 중인 이하의 과학기술자들이 시간과 비용을 들여서 글공부를 할 수는 없었다. 게다가 당시 사회적으로도 사농공상(士農工商)이라 하여 유가에서 금하는 이익을 탐한다고 하여 상인이 환영을 받지 못하였고, 과학 기술자들은 그들이 자신의 기술을 통해 인정을 받지는 못하는 것은 물론 그 기술을 대가로 경제적으로도 풍족한 생활을 할 수도 없었으니, 기왕에 발명이 되어 있었던 과학발명품까지도 더욱 발전시킬 의욕이 없었던 것이다.

한편 과거제도 역시 중국의 근대화에 발목을 잡은 주범으로 지탄을 받는다. 이 제도는 계급사회에서 개인의 능력을 통해 관리를 임용하는 아주 이상적인 제도인 측면이 없는 것이 아니다. 문벌귀족을 중심으로 기득권 계층들이 나라의 높은 자리를 나눠먹는 식의 행태가 계속 이어졌던 것에 비하자면, 시험을 통해 누구나 관리의 길에 나아갈 수 있도록 하였으니, 이것만큼 관리등용의 이상적인 제도도 없는 것처럼 보인다. 그렇기 때문에 고대 중국에서는 개인의 능력이나 집안의 조건만 허락하면 누구나 평생을 걸고 과거시험을 준비하였다. 그렇지만 오늘날도 고시제도의 병폐가 지적되듯이, 당시에는 고급공무원을 선발하는 과거의 주요 과목이 유가의 경전과 시문을 잘 짓는 자를 주로 뽑았다. 그렇다 보니, 훌륭한 학자나 시인이 훌륭한 행정가나 정치인이 되는 것이 아닌데도 유가의 경전은 관리가 되기 위한 교재로 받들어지고 말았다.

물론 나라가 잘 되려면 공무원을 잘 뽑아야 하는 것이 아니냐고 할 수도 있지만, 예나 지금이나 공무원은 국민을 위해 복무하는 직종일 뿐이다. 정작 사회를 이끄는 것은 창조적인 직종에서 담당하기 마련이다. 과학기술이나 문학예술의 방면에 좀 더 많은 인재가 종사했어야 했다는 말이다. 그런데 온 나라의 유능한 인재들이 온통 과거시험에 매달려 평생을 소비했던 것이 고대 중국 사회의 변치 않았던 한 모습이었다. 이렇듯 과거제도는 유가경경전의 이념이 잊히지 않도록 하는 역할을 담당했던 것은 말할 것도 없다.

이것을 일깨워준 사건이 아편전쟁이었다. 아편전쟁을 통해서 그간 중국은 무엇이든 최고라는 중화주의(中華主義) 속에서 살아왔는데, 영국의 함대 몇 척이 와서 함포 몇 방 쏘고 나니까 이미 중국의 군사기술은 오랑캐 나라라고 얕잡아 보던 영국과도 맞붙어 싸울 수 있는 수준이 아니라는 것이 증명되었다. 이후 유럽의 여러 강대국이 너도나도 중국에 달려들어서 이권을 뜯어내는 지경에까지 이르게 되었던 것이다.

중국에서는 인정하고 싶지 않았지만, 1860년대에 이르러서야 유럽의 과학기술을 배워야겠다고 하여 양무운동(洋務運動)을 펼쳤다. 양무운동은 한 마디로 사양화에 힘쓰자는 운동이다. 늦으나마 다행이긴 했지만, 1884년 베트남에서 프랑스와 패권다툼을 하다가 지고 말았고, 1894년에는 청일전쟁(淸日戰爭)에서 조선의 주도권을 놓고 한 판 붙어서는 일본에게 패배한 것을 계기로 양무운동이 실패하였다는 판정을 받고 말았다. 바로 몇 십 년 전까지만 해도 막내뻘밖에 안 된다고 얕잡아 보았던 일본과 싸운 청일전쟁에서의 패배와 양무운동의 실패에도 중국이 전통적으로 자부심을 가지고 있었던 유가 전통이 한 몫을 하였다. 양무운동의 주요 이슈는 이른바 중체서용(中體西用)이다. 중체서용의 문제점은 전통적인 유가 전통을 저버리지 못한 채 서양의 발전된 과학기술을 배워보겠다는 것에 있었다. 즉 내용 방면에서 중국이 전통적으로 지니고 있던 이념인 유가의 전통적인 사고를 완전히 지우지 않은 채 겉으로만 서양의 과학기술을 배우려고 했기 때문에 내용과 실질이 합치하지 못해 결국 실패한 운동이 되고 말았다.

이후 양무운동 때보다 좀 더 근본적인 변혁이 필요하다고 해서 일으켰던 변법자강운동(變法自彊運動)도 서태후(西太后)를 중심으로 한 수구세력들의 반대 때문에 실패하고 말았다. 이 사건은 마치 우리나라의 갑신정변과 유사한 측면이 많은데, 이것을 계기로 중국은 도대체 어디로 나아갈 수도 없는 구렁텅이에 점점 빠져들었다. 그러다가 또 십 수 년이 훌쩍 지난 20세기에 들어서서야 비로소 대대적으로 사회혁신운동을 일으켜야 한다는 혁명세력이 나서면서 지난 수천 년간 이어진 봉건왕조체제인 청조(淸朝)가 해체되고 근대적인 의미의 공화국(共和國)이 탄생하게 되었다. 이렇듯 중국이 겪은 근대화의 과정 속에서 최대의 장애는 역시 유가(儒家)의 전통적인 봉건예교사상과 한자(漢字) 때문이라고 많은 지식인들이 인식하게 되었다. 이것을 깨닫기까지 아편전쟁 이후 무려 7~80년의 세월이 필요했던 것이다.

여기에다가 1949년 중국에 인민들에게 계급이 없는 평등하게 누구나 잘 먹고 잘 사는 사회를 만들자는 것을 주요 목표로 하는 사회주의국가 중화인민공화국이 들어서면서 유가는 중국인들의 사고에서 좀 더 이탈해 갔다. 이러한 사정은 1966년 모택동에 의해서 중국을 광풍 속에 몰아넣었던 문화혁명(文化革命)의 와중에서 한층 더 공자의 유가는 나락으로 떨어져 갔다.

본래 문화혁명은 50년대 말에 있었던 대대적인 사회주의 운동이었던 대약진운동의 실패에 대한 책임을 지고 물러났던 모택동이 정권을 다시 탈취하기 위해서 벌였던 일종의 친위쿠데타라고 할 수 있는데, 어찌 되었건 유가는 이때에도 그간 중국의 발전을 가로 막는 최대의 암적 존재로서 공격의 대상이 되어 탄압을 받고 말았다. 1976년 모택동이 죽어서야 문화혁명이 종식될 때까지 중국이 1949년에 이미 사회주의 국가로 탄생하였으면서도 당시까지 고루한 유가의 봉건전통을 완전하게 씻어내지 못하고 계급사회의 잔영과 함께 부르주아적 성향이 여전히 남아 있으니, 이것을 완전히 쓸어버리는 그날까지 혁명의 길로 매진해야 한다는 논리였다. 그래서 이 혁명을 '문화혁명'이라고 이름 지은 이유가 여기에 있다. 문화라는 것을 이념으로 혁명을 일으켰다는 것 역시 참으로 문화전통을 중시하는 중국적 착상이 아니라 할 수 없다. 그만큼 중국의 역사 발전과 문화는 중대한 관계를 형성하고 있었던 것이다.

오늘날 우리나라에서 공자가 종교적인 색채를 띤 성인(聖人)으로 추앙을 받는 존재인데 반하여, 얼마 전까지 중국에서의 공자는 성인으로서가 아니라 춘추시대에 있었던 주요 학자들 가운데 한 사람으로 정도밖에 여겨지지 않았던 이유도 여기에 있다. 사회주의 중국은 종교적으로나 윤리 사상적으로 비인격체로서 누군가를 종교적으로 받드는 일을 금기시하기 때문이다.

3. 유가는 진정 근대화의 장애물인가

이 절의 제목보다 더 시급하고 근본적인 질문은 우리가 정말 근대화를 해야 하는가의 문제일 것이다. 근대화가 아무리 자유·평등·박애와 같이 범인류적인 가치를 지향한다그 하지만, 어쨌거나 근대화는 서양의 역사발전을 통해서 생겨난 가치일 뿐인데도, 오늘날 우리들에게는 누구나 반드시 근대화를 이루고야 말아야 한다는 강박관념이 없지 않은 듯하다.

그런데 요즘 중국에서 유가와 관련하여 새로운 분위기가 움트고 있는 듯하다. 공산당의 최고 영도자가 공자와 맹자를 새로이 평가하여 중국 전통사상의 우월성을 일깨워야 한다고 하면서 『논어』나 『맹자』 같은 유가 경전을 읽으라고 독려하자 전 중국에 유가경전 읽기 붐이 일고 있다. 몇 해 전에는 공자의 탄신을 기리는 제사를 무려 4시간에 걸쳐서 생중계를 한다든지, 재작년엔가는 『논어심득(論語心得)』이라는 유가 사상에 관한 평론집이 수천 만부 팔렸다고 하니 중국에서 전통사상에 관한 붐을 가히 짐작할 수 있다. 그래서 요즘 중국 출판계에서는 고전(古典)이라는 이름만 걸치면 베스트셀러가 된다는 우스갯소리까지 한다는 말이 있다.

중국인들이 자신들의 전통적인 사상이념을 알아야 한다는 의식에서 그런 조류가 나타나는 듯하다. 어찌 보면 아편전쟁 이래 서구의 핍박, 근대화운동, 국민당과의 내전 그리고 어떻게든 이루어 보고자 했던 이른바 중국식 사회주의와 그리고 개혁과 개방을 통한 자본주의에로 치달으면서 보낸 지난 150년 동안 중국인들은 그들의 진정한 모습을 돌아볼 기회도 없었는지 모른다. 이제 좀 경제적 발전을 이루어 세계 초강대국이라는 이름도 달게 되고 나니, 과거를 돌아볼 만큼 여유가 생겼다고도 할 수 있다. 그게 아니더라도 중국인은 중국인의 정신세계가 있는 것이니, 자신들의 정신적 문화유산의 대표인 유가 사상의 실체를 알아야겠다는 심정은 충분히 이해할 수 있다. 마치 우리가 오늘날 유가를 어떻게 보아야 하는지를 이모조모 살피고 있는 것과 마찬가지일 것이다.

그런데 하나 염려스러운 것은, 우리도 그렇지만 중국 역시 여러 분야에서 이미 서구적인 의미의 근대화의 길에 들어서서 이제는 되돌릴 수 없는 지경에까지 이르렀다는 것이다. 또다시 1860년대에 있었던 절충주의로서 중세서용을 이념으로 하는 양무운동의 실패를 재현해서는 안 된다는 것이다. 물론 지금은 우리나라나 중국이 19세기처럼 서구 열강에 압도되어 있는 급박한 상황은 아니라는 것이 그나마 다행이긴 하다.

우리 역시 19세기 일제에 의해서 강압적인 개항을 한 이래로, 30여 년 동안 식민통치를 받아야 했고, 해방과 극렬했던 내전으로 맞은 분단, 그리고 군사독재의 그늘 속에서도 꾸준히 민주화와 경제

성장을 이루어서 오늘의 여기까지 와 있다. 이런 가운데에서 우리 나라에는 여전히 공자를 성인으로 존중하며, 그의 말씀이 담긴 『논어』의 구절 하나하나를 마음 속 깊이 되뇌고 있는 사람이 많다. 앞서 살펴보았듯이, 동서양을 막론하고 성인이 성인이신 이유는 그분들이 인류를 구원하고자 했던 그 정신이 중요한 것이니 만큼, 그분들을 섬기며 그 숭고한 정신을 마음에 새겨 두는 것이 나쁘다는 것은 결코 아니다. 다만 시대와 환경이 달라진 오늘날 우리들이 진정 마음에 깊이 담아야 할 것이 무엇인지를 잘 따져 보아야 한다는 것이다.

문승용

▮ 약 력

한국외국어대학교 중국어과 졸업
한국외국어대학교 대학원 중문과 박사 졸업
(학위논문: 「건안풍골론의 형성과 발전 연구」)
민족문화추진회 국역연수원 수료
한림대학교 태동고전연구소 연구과정 수료
한국외국어대, 한신대, 명지대, 평택대 강사

▮ 주요 저서

중국어 왕첫걸음, 시사영어사, 2002년
세상에서 가장 만만한 중국어, 시사영어사, 2002년
여행중국어, 신나라출판사, 2002년
주말에 끝내는 중국어 첫걸음, 김영사, 2003년
建安文學論硏究, 도서출판 다운샘, 2004년
중국고전의 이해, 한국외국어대학교 출판부, 2004년
인간적인 1분 문법책 중국어, 김영사, 2005년
중국어 급 표현 백서, 김영사, 2007년
장자(공역), 한국외국어대학교 출판부, 2008년

유가사상과 현대사회

초판인쇄 | 2009년 5월 25일
초판발행 | 2009년 5월 25일

지은이 | 문승용
펴낸이 | 채종준
펴낸곳 | 한국학술정보㈜
주 소 | 경기도 파주시 교하읍 문발리 파주출판문화정보산업단지 513-5
전 화 | 031) 908-3181(대표)
팩 스 | 031) 908-3189
홈페이지 | http://www.kstudy.com
E-mail | 출판사업부 publish@kstudy.com

등 록 | 제일산-115호(2000. 6. 19)
가 격   25,000원

ISBN   (Paper Book)
　　　978-89-268-0106-2 98150 (e-Book)

내일을여는지식 은 시대와 시대의 지식을 이어 갑니다.